hte

Zeitschrift für Ideengeschichte
Heft XVII/1 Frühjahr 2023

Das Kleingedruckte

Herausgegeben von
Florian Meinel &
Carlos Spoerhase

Deutsches Literaturarchiv Marbach
Klassik Stiftung Weimar
Herzog August Bibliothek Wolfenbüttel
Wissenschaftskolleg zu Berlin
Stiftung Preußischer Kulturbesitz Berlin
Kunsthistorisches Institut in Florenz – MPI

Redaktionsadresse:
Zeitschrift für Ideengeschichte
Wissenschaftskolleg zu Berlin
Wallotstraße 19
14193 Berlin

www.z-i-g.de
www.chbeck.de

Die Zeitschrift für Ideengeschichte erscheint viermal jährlich und ist auch im Abonnement erhältlich.

Bezugspreis:
Einzelheft: €20,00[D]; € 20,60 [A];
als E-Book: € 12,99
Jährlich: € 64,00
inkl. Vertriebsgebühren (Inland); zzgl. € 30,00 (Ausland)
Sonderpreis: € 52,00
inkl. Vertriebsgebühren (Inland); zzgl. € 30,00 (Ausland)
Der Sonderpreis gilt für Mitglieder der mit den Herausgeber-Institutionen und ihren Museen, Archiven, Bibliotheken und Instituten verbundenen Vereine gemäß der Liste auf www.z-i-g.de, für Mitglieder des Verbands der Historiker und Historikerinnen Deutschlands e.V. und des Verbands der Geschichtslehrer Deutschlands e.V. sowie für Abonnenten der Marbacher Magazine.

Abo-Service:
Telefon (089) 381 89-750 • Fax (089) 381 89-402
E-Mail: Kundenservice@beck.de

Gestaltung: vsp-komm.de

Layout und Herstellung: Simone Decker

Druck und Bindung:
Beltz Grafische Betriebe GmbH, Bad Langensalza

ISSN 1863-8937 • Postvertriebsnummer 74142
ISBN gedruckte Ausgabe 978-3-406-80022-1
ISBN E-Book-Ausgabe 978-3-406-80031-3

Verlag C.H.Beck, Wilhelmstr. 9, 80801 München

myclimate
klimaneutral produziert
www.chbeck.de/nachhaltig

Im nächsten Heft: Wannsee. Mit Beiträgen von Monica Black, Jens Bisky, Michael Krüger, Claudius Seidl und weiteren.

Zum Thema

Zum Glamour der Repräsentation gehört der *grand text*, der zeremoniell ausgestellt, gelesen und gehört werden soll: Inschrift, Aufschrift, Verfassung, Titel, Manifest, Parole, Schlagzeile. Doch wie mit der großen Kulisse die Hinterbühne mit ihrer kleinteiligen Mechanik entsteht, bringt das Großgedruckte jene anderen Texte hervor, die Allgemeinen Geschäftsbedingungen der Gelehrsamkeit und die feingliedrigen Codes des Politischen: die Haushaltspläne, Protokolle und Verwaltungsvorschriften der Macht, die Beipackzettel der intellektuellen Waren, die Paraformen, Fußnoten und Registerteile des Textes. Nach Revolution und Befreiung kommen Geschäftsberichte, Kautelen und Sonderförderrichtlinien, nach der Verkündigung das Dogma. Zur Europa-Idee gehört die Bananenmarkt-Verordnung. Das «Kleingedruckte» ist, was auf die *big ideas* folgt. Oder ist es gerade umgekehrt? Vor genau hundert Jahren fiel der berühmteste Satz eines Juristen über die demokratische Revolution: «Verfassungsrecht vergeht, Verwaltungsrecht besteht.» Die *rule of law*, die alles Recht klein druckt, ist ein Klettergarten, geöffnet für romantische Bürokratieapologie und für wohlfeile Technokratiekritik. Keine Emanzipation ohne eine *Lady in Black*, die den hegemonialen Text der Herrschaft gegen den Strich zu lesen weiß.

Denn das Kleingedruckte ist der Text, der Bedeutung gewinnt, indem er sie verleugnet: Mit Kenntnisnahme des Regulariendickichts wird nicht mehr gerechnet, das Privatrecht verlangt sie nicht mehr, um die Verbraucher nicht zu überfordern. Text zum Wegklicken und Überblättern wie ein Editorial «Zum Thema». Im *Mann ohne Eigenschaften* lässt Robert Musil dem Helden ein Papierstück aushändigen, das «mit vielen Vordrucken und Rechtecken ausgestattet war [...]. Ulrich hatte keine Ahnung, woher die teilweise altertümelnden Bezeichnungen kamen; er fragte, der Geschäftsführer blickte ihn erstaunt an, und auch er hatte keine Ahnung.»

Wo der digitale Text immer feinere Strukturen der Verzettelung entwickelt, ist es höchste Zeit, der Sache auf die Spur zu kommen. Wo sonst sollte man nach den Risiken und Nebenwirkungen einer Zeit suchen, wenn nicht auf ihren Packungsbeilagen? Wer das Impressum des Zeitgeistes genau liest, vertraut pompösen Meinungen nicht, sondern rechnet mit diskreten Mächten, die sich erst im Kleingedruckten zu erkennen geben. Wie viel Ordnung und wie viel Anarchie liegen in der wilden Aneignung einer phänomenal unstrukturierten Wirklichkeit, die genau betrachtet aus lauter autonomen Zellen des Kleingedruckten besteht? Graue Seiten, Bleiwüsten, Zahlenketten, die uns zuflüstern: «Kümmere dich nicht um mich!» Wenn die subalterne Legalität eine Waffe ist, wer ist ihr Halter? Die kommode Bürokratiekritik hat es erstaunlich leicht, das Kleingedruckte als das Allzukleinliche abzutun, an dem kein freier Geist Gefallen findet, dafür Pedanten und Querulanten.

Doch woher kommt die Freiheit, wenn nicht aus der souveränen Beherrschung der Details? Das wusste schon Thomas Hobbes, als er mit dem Leviathan die moderne Politik der Repräsentation beginnen ließ. Er trägt sichtbar über sich die souveräne Parole «Non est potestas Super Terram quae Comparetur ei»; unsichtbar bleiben die *terms and conditions* des Vertrages, der ihn legitimiert. Aber dieser Vertrag – und mit ihm alle anderen Verträge – begründet seit Langem nichts mehr und entlastet nicht mehr durch die Trennung von Groß und Klein. *Reminder* an die Möglichkeit, den sozialen Verkehr durch Rechtseinräumung zum Raven zu bringen: ersetzt durch die Prämie, im Recht zu sein. Seither spricht die Autorität umso technischer, je selbstgewisser sie im «praktizierten Legalismus» (Rainald Goetz) die Vorschriften überwacht. Wer kann es bei dieser Hybris des Kleingedruckten wagen, Legalität und Legitimität noch in der Pose der Kritik zu unterscheiden?

Florian Meinel
Carlos Spoerhase

Rainald Goetz

Absoluter Idealismus

Bericht

Die Erkenntnis hatte sich blitzhaft ereignet, am Rad, in fliegender Fahrt in Gedanken, als ich hinter der Trambahn her über die weite, völlig freie Kreuzung beim Oranienburgertor dahinradelte und nach dem Überqueren der Torstraße die Fahrradpolizisten hinter mir sah, erschrak, weil ich wußte, das wird teuer, und dann war der Gedanke weg, ausgelöscht vom Gefühl der Verwirrung durch die Interaktion mit den dick mit Utensilien der Strafverfolgung bepackten Polizistinnen, es waren tatsächlich zwei Frauen. Ich war von der Idee durchzuckt gewesen, daß die Dinge sich dem Denken ganz allgemein in blitzhaften Assoziationskaskaden eröffnen würden, und daß die Rekonstruktion dieser Blitze im nachfassenden Denken, in Schrift, im Text, das jeweilige Ding dann richtig erfassen würde, wenn DAS KLEINGEDRUCKTE dieser Rekonstruktion auch dem realen inneren Zusammenhang des Dings entsprechen würde. Dieser zirkelhafte Gedanke hatte mich euphorisiert: Protokoll der Assoziativität und Materialität, Theorie der Weltzuwendung, Absoluter Idealismus.

Die Leere der Kreuzung war durch die Logik der Ampelschaltung verursacht, die der Trambahn besonders lange Vorrang zusprach vor allen anderen, von fünf Seiten her aufeinander zuströmenden Verkehrsteilnehmern, und jeden Morgen hatte ich die Wahl, hinter der Trambahn her frei durchzufahren, oder an der Ampel bis zu vier Ampelphasen abzuwarten, eine für die Autos und Fahrräder von rechts, eine für die Linksabbieger von vorn, eine für die rechtsabbiegende Trambahn hinter mir, und falls von vorn eine linksabbiegende Trambahn kam, bekam die auch noch eine eigene, besonders lange Grünphase für sich, das heißt Warten, dastehen, schauen, träumen, rede ich mir immer ein, aber in Wirklichkeit stimmt das nicht, jedesmal wenn ich an der roten Ampel halte und vernünftig zu warten versuche, stelle ich fest: Warten und Denken gehen nicht zusammen, Warten ist Depression, man kann noch nicht einmal richtig schauen. Der Zwang, der Macht eines egal wie vernünftigen Regimes, hier der Logik der Ampel, unterworfen zu sein, macht einen unfrei, trotzig und dumm. Dazu verdammt auch noch, im Pulk mit allen anderen loszufahren, aber man will doch allein dahinjagen am Rad, auch in der Stadt. -Halt, Polizei, Sie wissen, warum wir Sie anhalten. -Ja, ich habe Böses gedacht, dachte ich, Asoziales, sagte aber nichts, hielt an.

Die Korrespondenzidee der geistigen Assoziationskaskaden mit der realen Verfaßtheit der Dinge war auch eine ahnungshafte Einsicht in die Struktur von Bewertungsakten: Wie kann ich wissen, was etwas taugt? Und zwar etwas, was ich nicht kenne, wovon ich keine Ahnung habe, was aber vielleicht für mich interessant sein könnte. Wie kann ich wissen, ob es sich lohnt, wirklich einzusteigen in den Akt der Erschließung eines Gegenstands, der mir plötzlich attraktiv erscheint? Ich kann die Frage nicht rational prüfen, weil die Kriterien und Argumente einer prüfenden Analyse im Gegenstand selbst verborgen sind, ich muß also kenntnislos, zugleich so wenig falsch wie möglich entscheiden, ob es richtig ist anzufangen, DAS KLEINGEDRUCKTE zu lesen. Denn darum handelt es sich in jedem Fall von Interesse, um eine Kompliziertheit, die sich dem sofortigen Verstehen entzieht, deshalb auf die Darstellung komplexer Zusammenhänge von Einzelelementen angewiesen ist, am effektivsten in Schrift gespeichert, und die sich dann im denkenden Nachvollzug dieser Zusammenhänge im Ich erneut ereignen muß, um verstehbar zu werden.

Ob es richtig ist anzufangen: bei dieser Prüfung geht es nicht um objektive Qualität, sondern um Zugänglichkeit für einen selbst, um die Frage der individuellen Disposition, ob man im Augenblick so verfaßt ist, daß man sich den Gegenstand erschließen kann. Das ist keineswegs selbstverständlich. Es braucht dazu nicht nur Offenheit und freie innere Valenzen, sondern auch einen Bezug zu eigenen Fragestellungen und Erfahrungen, eine Initialnähe, die auch agonaler, feindseliger Art sein kann, es braucht also Brauchbarkeit für das eigene Projekt Welterforschung, um überhaupt Zugang zu etwas Interessantem finden zu können.

Eine ORDNUNG DER REZEPTIVITÄT ist also gesucht, die vermittelt zwischen der Unübersehbarkeit interessanter Angebote und der eng begrenzten Kapazität, sich in ein einzelnes Werk wirklich zu vertiefen. Das wichtigste Element dieser Ordnung ist die Öffentlichkeit. Jeden Tag geht ein Feuerwerk von Anregungen, hervorgebracht vom Weltmotor der Aktualität des Neuen, über jedem Einzelnen auf, sinkt dann auf ihn nieder. Je optimistischer man gestimmt ist, um so besser kann man das Geschenkhafte dieses Angebots, zusammengehalten einzig vom Zeitpunkt Gegenwart, erkennen und annehmen. Gegenwartsakzeptanz ist auf den Luxus angewiesen, guter Dinge zu sein. Hysterie, Euphorie und Horror sind die stimmungsmäßigen Grundzustände des Öffentlichen, die Energie des Zeitdrucks und die von ihm erzeugte Produktivität geben etwas permanent Explosives in die medial verbreiteten Resultate. Es ist ein seltsamer Imperativ der Kraft, dem man von daher dauernd ausgesetzt ist, der inneren geistigen Fitness, Freude am Irrsinn der Gegenwart ist verlangt, Interesse an bestenfalls allem, um überhaupt erkennend an Gegenwart teilnehmen zu können.

Erfolg beim Publikum, Kontroverse in der Kritik, so hebt Öffentlichkeit, beispielsweise zum Thema Staat und Gesellschaft, einige Bücher als interessant hervor, die dann beim Leser um Zuwendung konkurrieren: Joscha Wullweber, Zentralbankkapitalismus, aus der Politischen Ökonomie; dazu aus der Politischen Theorie und Ideengeschichte Dirk Jörke, Die Größe der Demokratie; und Jan-Werner Müller, Was ist Populismus?; dazu Politikwissenschaft, Philip Manow, (Ent-)Demokratisierung der Demokratie; konkurriert mit der Kultursoziologie, Andreas Reckwitz, Das Ende der Illusionen; die die Systemtheorie, die allgemeine Soziologie und Gesellschaftstheorie, Armin Nassehi, Unbehagen, als Stichwortgeber der Debatten abgelöst hat; muß sich behaupten gegen Makrosoziologie, Steffen Mau, Lütten Klein; und gegen Öffentliches Recht und Rechtsphilosophie, Christoph Möllers, Freiheitsgrade; konkurriert mit Staatstheorie, Politische Wissenschaften und Vergleichendes Staatsrecht, Florian Meinel, Vertrauensfrage, Zur Krise des heutigen Parlamentarismus; und mit der Politischen Theorie und Philosophie, Julian Nida-Rümelin, Eine Theorie praktischer Vernunft, um angemessene Zuwendung, um das zu vertiefen, was diese Autoren in Interviews und Artikeln öffentlich beigetragen haben zum Verständnis der Lage.

Und das haben Sie alles gelesen? So die fröhlich spöttische Frage der Möbelpacker, während sie einen schweren Schreibtisch an den Regalen vorbeitragen und zu den Büchern hinnicken, genauso fröhlich zu antworten: – Ja klar. Denn darum geht es, ob es auch einen blätternden, springenden Einstieg ins Kleingedruckte der Ideen dieser Bücher geben kann, um zu erkennen, welches von ihnen als nächstes studienmäßig durchgelesen werden sollte. Es fängt mit einem intuitiven Gespürvorgang an, der sich von außen her in die Sache einfühlt, wie ist das gegliedert, wie klingen die Paratexte der Selbstvorstellung, wie der Sound der Argumente, um diese Ersteindrücke dann im Denken so zu analysieren, daß man sie versteht. Das Hauptkriterium dieser Prüfung ist Sachlichkeit, Klarheit, die vom Geist des Autors ausgeht, wenn er seinen Gegenstand wirklich begriffen hat und deshalb auch direkt zupackend darlegen kann, der geheimnisvolle No-nonsens-Stil, frei von Jargons und ohne eigene Manierismen, verständlich, aber auch kompliziert, je nachdem wie es die Sache erfordert. Der Ort dieses sachgerechten Stils der Klarheit ist die Universität, der Text braucht im Entstehen den Druck, der von der Lehre, vom Kontakt mit den Studierenden ausgeht, um richtig zu vereinfachen, also nicht zu sehr, aber doch ausreichend, was die theoretische Erkenntnis initial an Wirrheit hatte. Am theoretischen Diskurs kann man als Nichttheoretiker deshalb nicht aktiv teilnehmen, das Interesse an Theorie ist ganz auf Rezeption gerichtet, auf Ausweitung von Wissen und Abwehr falscher Gedanken, um möglichst vielseitig zu bereichern, was die genuin literarische Perspektive ausmacht, auch ihr Charisma: Wahrheitssuche, am Beispiel eines Ichs.

Anders Ernst-Wilhelm Händler, Die Produktion von Gesellschaft, der als Privatgelehrter aus vorliegenden Großtheorien eine neue, eigene, selbst ausgedachte Gesellschaftstheorie, die Produktionstheorie, entwickelt, hier finde ich den Zugang nicht. Höchst attraktiv hingegen das Buch von Julian Müller, Bestimmbare Unbestimmtheiten, Skizze einer indeterministischen Soziologie, das mitten aus der Universität, der Münchner Schule der Soziologie von Armin Nassehi kommt, das mir auch deshalb so interessant erscheint, weil die Kritik an dem radikal theoretizistischen Theorieentwurf von Niklas Luhmann, wie sie von Andreas Reckwitz aus praxeologischer Sicht vorgebracht wird, hier so präzisiert wird, daß die Praxeologie, die begrifflich unterkomplex und kategorial wirr ist, gleich mitverbessert wird. Der Idealfall eines Theoriebuchs eines Nichttheoretikers ist das für Nichttheoretiker geschriebene Hegel-Buch von Jürgen Kaube, Hegels Welt, durch das ich neu auf Hegel, außerdem auch noch auf das Paradigma schönster Universitätsphilosophie überhaupt gestoßen wurde, auf das Werk von Pirmin Stekeler-Weithofer. Womit anfangen, was aufschieben? Es ist eine immens praktische, zeitpraktische, kapazitätspraktische Frage: wie viel Kleingedrucktes geht in den Kopf hinein, auf adäquate Art. Dazu kommt das Genre der immer inspirierenden Reinschaubücher: wie etwa Ray Dalio, Principles; Balthasar Gracian, Kunst der Weltklugheit; Tina Hildebrand, Juristischer Gutachtenstil; oder Adorno, Ästhetische Theorie.

Erstaunlicherweise kann man um so besser aussortieren, was man weglassen kann, je weniger man weiß. Diese Sicherheit der frühen Jahre, die aus einer erahnten Egoïmago kommt und einen so lange schützt, bis man sich in die Welt hinaus verwirklicht hat, teils wie erträumt, teils anders, geht dann verloren. Man gewinnt an Freiheit des Urteils, an Widersprüchlichkeit der Kriterien, dennoch nicht eindeutig an Richtigkeit der Urteilsresultate. Plötzlich hat man sich paar Jahre an die Erforschung eines Abwegs verloren, von dem man glaubte, er könne einen aus einer verzweifelt zugerammelten Ichsackgasse, in der man sich festgefahren hatte, befreien, um schließlich enttäuscht festzustellen, daß der vermeintliche Ausweg vom Ich so weit weg war, daß man ihn überhaupt nicht erreichen konnte, daß man zum Beispiel das Well made play, das man so gerne schreiben würde wollen, einfach definitiv nicht schreiben kann. Warum? Weil man der ist, der man ist. Weil man vieles nicht kann, das meiste nicht kann, in jedem neuen geistigen Akt den Punkt genau finden muß, wo das enge eigene Können getroffen ist und sich entfalten kann.

Der Enge des Talents korrespondiert ein maximal breit gefächertes Interesse für die anderen, für deren Hervorbringungen, Verhaltensweisen, Perspektiven auf die Welt, für politische und weltanschauliche Optionen, für Verfehlungen, Lebenserfahrung, Obsessionen. Vielem davon begegnet man im Alltag, unterwegs beim Einkaufen und in der Arbeit, bei Zufallskontakten mit Fremden, am konzentriertesten aber findet sich die ganze Vielfalt möglicher Andershaftigkeit in den Zugespitztheitsresultaten der Wissenschaft und der Kunst. Wo ist das Werk, das den Nagel auf den Kopf trifft? Hier mein Kopf als der Nagel, der auf den Einschlag des Werks auf ihn wartet. Wie finde ich dieses Werk?

In Ratgeber- und How-to-do-Büchern, in Lehrbüchern, Tagebüchern und Autobiographien, selbst Sammelstellen für andere Bücher, in Verlagskatalogen, in den Regalen von Buchhandlungen, in Fußnoten, in Zeitschriften, die die Welt von jeweils unterschiedlichen Standpunkten aus auf das für sie Interessante beobachten, und ich gehe hier schweifend durch meine Arbeitszimmer: Volltext, Cicero, Galore, Das Wetter, Theater Heute, The New Yorker, Merkur, Leviathan, Zeitschrift für Ideengeschichte, Texte zur Kunst, London Review of Books, Rolling Stone, Cato, Philosophie, Monopol, Blau, Tumult, 032c, Edit, Bella Triste, Die Epilog, The White Review, Girls like us, The Gentlewoman, Tank, Fantastic Man, Purple Fashion, Die Dame, Neue Rundschau, Theater der Zeit, The New York Review of Books, Die Weltwoche, Deutsches Ärzteblatt, Sinn und Form, TLS, Atlantic, Harper's, apartamento, The Paris Review, und überall, an all diesen Orten werden Personen und ihre Werke sichtbar, die nicht mehr ganz im Fokus der allgemeinen Aufmerksamkeit stehen oder noch nicht, das Neue kommt aus der Provinz, vom Rand, der Hang zum Abseitigen und Ephemeren beflügelt den Geist. Doch die all diese Spezialinteressantheiten überbietende Sammelstelle für alles bleibt die Zeitung, die URSENSATION der täglichen Zeitung. Die Zeit des Segenshaften der Zeitung ist der Morgen. Beim Scannen der News, beim Lesen und Blättern, dem springenden Blick von Meldung zu Meldung, von Überschrift zu Autor, interessant, interessant, zur Geschichte dazwischen, dem Innehalten, um sie zu lesen, gerät man bestenfalls in einen Zustand der TRANCE, der Wachheit, Detail, Erregung und Passivität so verbindet, daß in ihr ein Gefühl von allhafter Teilhabe an Welt entsteht.

Aber wer, außer Hegel, empfängt heute überhaupt noch den Morgensegen der Zeitung? Jeder, der wissen will, wieviel Uhr es ist, der auf sein Telefon schaut, um zu erfahren, was sich in den letzten Minuten an Neuem ereignet hat, der den viel zu kurzen Rotmoment an der Ampel dazu nutzt, schnell einzusteigen in den endlosen Newsstrom, der durch sein Gerät rauscht, sich vom Ineinander privater Kontakte und gesellschaftsweit relevanter Ereignisse wegreißen, aufnehmen, bannen lassen kann, bis er am Gesichtsfeldrand Bewegung registriert, es tut sich was, die Ampel hat auf Grün geschaltet, er läßt das Mobile in die Hosentasche gleiten und radelt schon weiter, gegenwartsnäher als je ein Mensch vor ihm. Nachts unterwegs im Internet, das freie Floaten, dem man sich lustvoll überläßt, und auch das Internet fungiert dabei zugleich als Sammelstelle für Anregungen.

Bis zu fünfhundert Fenster kann Safari offenhalten, und wenn die Zahl 500 erreicht ist, muß man, um neue Fenster öffnen zu können, einzelne Fenster schließen, kann zurückgehen und nocheinmal nachvollziehen, wo man gedanklich unterwegs war und zu welchen Folgen das geführt hat, etwa zu einem Buchkauf, dann schließe ich das Fenster, wenn die vom offenen Fenster ausgelöste Anregung erneut zu interessanten Assoziationen führt, wenn ich der Sache in Zukunft also noch genauer nachgehen will, lasse ich das Fenster offen, durch das die Welt zu mir ins Zimmer schaut und in mein Gehirn.

Bei den Zeitungen auf Papier, auch bei Ausdrucken aus dem Internet, stellt sich dann die Frage: Und wo gehört das hin? Jetzt ist das Gegenteil der frei sprühenden Assoziativität, die die Dinge erschließt, gefragt, jetzt geht es um die Gewalttat der raffenden Zuordnung zu etwas ganz Einfachem. Entweder nach generellen Ressorts geordnet: Schauspiel, Musik, Kunst, Literatur, Politik, Gesellschaft, Familie, Wissenschaft; oder nach Personen: Kronauer, Snowden, Koppetsch, Czollek, Achternbusch, Knausgard, Houellebecq, Rutschky, Scheel, Degens, Randt, Cline, Rooney, Tao Lin, Maron, Tellkamp, Westbam, Suhrkamp, Trump, Reichelt, Döpfner; oder geordnet nach spezielleren Themen: Sprache, Berlin, Vatikan, Leistungsschutzrecht, USA, Die Toten, Firma, Lebenskunst und Menschenkenntnis, Ukraine, Me Too Divers, Springer, Corona, DAS KLEINGEDRUCKTE, ah, da bin ich ja bei mir, mitten im Text.

Der Absolute Idealismus des Weltinteresses ist in der Praxis auch ein entschiedener MATERIALISMUS der Gegenstände, die die Informationen nichtfluide tragen als zeitstabile Objekte, mit Druckerschwärze bedrucktes Papier, deren Stetigkeit und Stabilität komplementär steht zum Extasehaften und Blitzhaften der geistigen Aktivität, die im körperlich direkten Umgang mit den Objekten getriggert wird. Aber es ist schwer, das Überbordernde der Freude, einen Artikel interessant gefunden zu haben, durch die extrem niederdrückende Anstrengung des Aufräumens und die schraubstockartig das Hirn zusammendrückende Aktivität des Einordnens in eine vernünftige Ordnung, Vernunft als größte Gewalt gegen den Geist, hinüberzuretten in eine dann auch materiale Ordnung. Wie kann das gelingen? Aus der Erinnerung an die Erfahrung mit dem Resultat dieser Bemühungen, wenn man beim Ausbreiten der Mappen, Ordner und Kuverts die groß geschriebenen Rubriken sieht, einzelne Artikel, Ausdrucke, die Bilder, die einen an das Gelesene erinnern und sofort wieder hineinziehen ins phantastische Meer der vielen Texte aus allen Zeiten. Asynchronizität als Zusatzmodus einer gesteigerten Gegenwartsbetrachtung, was war vor zwei Jahren der Punkt, die Lage, die Stimmung, um auch von dort auf das Jetzt zu blicken, nicht nur vom Jetzt selbst aus. Deshalb ist es richtig, die interessanten Sachen nicht nur einmal bei Erscheinen zu lesen, sondern sie konkret zur Hand zu haben, immer wieder, deshalb ist es richtig, der inneren Ordnung der Rezeptivität mit viel Mühe auch eine äußere Ordnung der Ordner zur Seite zu stellen.

•

Besonders faszinierende Artikel bleiben monatelang offen liegen, weil schon das Weglegen des Papiers, des Ausdrucks oder der Zeitung, ein zu viel an Wegschaffen und Beseitigen der Ideen, um die es da geht, bedeuten würde. Ein Interview mit Wolfgang Tillmans, FAS vom 12. Januar 2003 aus der Rubrik GESELLSCHAFT, das Foto von Jiri Rezac zeigt ihn mit roten Turnschuhen in den Weiten seines Londoner Ateliers, darunter in Großbuchstaben die Überschrift, Der Maler des modernen Lebens, ist unendlich oft von hier nach dort gewandert. Ähnlich ein Interview mit Harald Schmidt, FEUILLETON, Die Zeit vom 16. September 2010, wo er über seinen Abschied von der ARD spricht, Die wußten nicht mehr, wohin mit mir, das Papier ist schon ganz vergilbt wie ein uraltes ehrwürdiges Pergament; es bleibt stabil attraktiv, wie er Medienbeobachtung, Personalinteresse, lockeres Parlando und Interviewtextheiligkeit verbindet, zuletzt wieder in der Welt, 2.2.22, Letzte Stufe vor dem Selfie. Auch aus jüngerer Zeit, Faz vom 16. Mai 2022, Wille und Wellness, Leif Randt liest seinen bislang besten Roman Schimmernder Dunst über Coby County, mit einem sehr sympathischen Bild des großen Posers vor kahlem Baum, ein Hauch von kleinen rosa Blüten, das Foto ist von Julia Zimmermann, die schöne Erinnerung, das Hörbuch muß ich mir kaufen. Spektakulär gelungen auch das Bild-Text-Ineinander in der Faz vom Freitag, den 3. Juni 2022, wo ein graues Schmierbild von Gerhard Richter, das Gemälde Tisch, umgeben ist von den Überschriftsworten Feuilleton, Vor aller Welt, Das Unsagbare, 1962, Gedicht von Durs Grünbein, geboren 1962, zu dem auf 1962 datierten Bild. Oder die Fotographie, die Donald Trump im Weißen Haus im Kreis seiner Berater am Morgen des 6. Januar 2021 zeigt, POLITIK, Gefährdete Demokratie, FAS vom 24. Juli 2022, es ist so evident, daß Trump unbedingt verhindern wollte, daß er aus diesen Räumen entfernt würde, die seine mafiahaften Machtspiele mit den erhaben präsidialen Insignien der uralten amerikanischen Demokratie aufladen, man kann sich gar nicht genug sinnierend in diese Zeitungsseite vertiefen.

Aber es geht nicht nur um Begeisterung. So liegt auch Maxim Billers Irrsinnsartikel, Alles war umsonst, Die Zeit vom 24. März 2022, seit fast einem halben Jahr vor dem Schreibtisch im Berliner Zimmer ganz ausgebreitet am Boden, sensationell bebildert. FEUILLETON, in riesigen Buchstaben, dann das Foto von Jedrzej Nowicki, es schaut fast aus wie ein düster kubistisches Gemälde von Braque, zeigt eine häusliche Szene im Krieg, Sofa, Decke, Spielflugzeug, und darunter die Überschrift: Alles war umsonst. Warum ich kein Schriftsteller mehr sein will. Von Maxim Biller. Selten wurde über Politik und Literatur ein solcher Kitsch zusammenphantasiert, Grundgedanke: Weil meine Bücher diesen Krieg nicht verhindert haben, will ich keine Bücher mehr schreiben. Aber es ist nicht Aufgabe der Literatur, auch wenn sie das Grauen der Welt einzubeziehen hat, irgendetwas zu verhindern, gar etwas so Gigantisches wie einen Krieg. Und es ist auch keine bewundernswerte Haltung zu sagen, aber diesen größenwahnsinnigen Anspruch erhebe ich nun einmal, daß meine Bücher diesen Krieg hätten verhindern sollen, so groß denke ich eben von mir und meinen Büchern, jetzt bin ich aber enttäuscht, Welt, ihr habt nicht auf mich gehört, jetzt schmeiße ich den Bettel hin. Das ist doch einfach unglaublicher Quatsch.

Der Artikel hat aber viel Zustimmung erfahren. Und zwar deshalb, weil er die kollektive öffentliche Stimmung im März 2022 extrem zutreffend erfaßt, gerade in seiner persönlichen Betroffenheit, das ist die Leistung dieser wirren Billerschen Suada. So wie der Artikel auftritt, so hat sich die Welt im Zustand des Schocks in den ersten Wochen nach dem russischen Überfall auf die Ukraine tatsächlich angefühlt. Und das Seltsame ist, man kann sich daran, an dieses ganz spezielle Gefühl, nur ein halbes Jahr später gar nicht mehr wirklich zutreffend erinnern. Man kann nur wissen, daß es so war, kann das Weltgefühl dieser Tage selbst aber nicht mehr gefühlsmäßig erfahren. Je allumfassender eine öffentliche Stimmung zu einem Aktualitätszeitpunkt gerade ist, umso ephemerer ist sie zugleich, umso rückstandsloser wird sie in kürzester Zeit verschwunden sein. Deshalb ist es toll, daß es diesen verrückten Artikel als Dokument der Zeit gibt, daß ich seit Monaten jeden Tag daran vorbeigehen kann. Für mich selbst war das Interessante im Februar und März etwas ganz anderes; endlich konnte ich den historischen Moment vom August 1914 wirklich nachempfinden, die kollektive Bereitschaft zum Krieg, so hatten die Leute das damals also erlebt, so sind sie hineingerannt in ganz Europa in diesen Großen Krieg, aus einer solchen Stimmung heraus, wie sie jetzt andeutungsweise wieder herrschte.

Vielleicht gehört all das in ein bestimmtes Romanprojekt, das ich seit vielen Jahren unter dem Titel Der Henker verfolge, vielleicht müssen Teile der Akte Ukrainekrieg diesem Projekt zugeordnet werden. Die Überlegung läuft immer mit beim Aufnehmen der Anregungen von außen: was steht dem von innen her entgegen an PROJEKTEN. Das ist das zweite Hauptelement der Ordnung der Rezeptivität. Der innere Kompaß, der von vielleicht sieben konkreten Ideen her gegeben ist, was ich schreiben möchte, diese zwei Stücke und diese drei Romane und diese zwei Aufsätze, das ist das maximal Großgedruckte in dem Fall, die Titel der Bücher, die mir da vorschweben. Und die Sehnsucht ist dann die, daß sich das Kleingedruckte, das von öffentlicher Seite her auf mich und diese Titel zukommt, durch einen wunderbaren Vorgang in mir irgendwie zum Kleingedruckten der Schrift des fertigen Texts verwandeln würde, der so das Programm des Titels erfüllen, das fertige Werk darstellen würde. Ich müßte die Einflüsse auf mich und mich selbst nur richtig aufeinander ausgerichtet haben, dann würde die Schrift von selbst aus mir heraus entstehen.

Denn natürlich ist das der Inbegriff des Kleingedruckten überhaupt: die SCHRIFT, der Text in geschriebener Form, die Schrift als Bild, gedruckt, die Schrift in sich. Jede Schrift ist Kleingedrucktes, bedarf der explizierenden Entfaltung, der Rückvergrößerung der in ihr maximal verkleinert gespeicherten Welt. Deswegen sind Texte umso schöner, je kleiner sie gedruckt sind, deswegen wird das Auge von der Graphik besonders groß gedruckter

Schrift, in dem Fall von einzelnen Buchstaben, so besonders angesprochen und getröstet: es ist alles gut, alles kann gesagt werden von diesen wunderbaren Formen, die massenhaft kleinste Sinneinheiten in sich haben. Gedanken: das Kleingedruckte, Genaugenommene, Viele, das schwer Verständliche, Anziehende; dagegen Gefühle: das Großgedruckte, das direkt und diffus auf einen wirkt. Und die Idee, daß auch schon in der Rezeption von Welt beides so ineinandergehen müßte, daß es sich aneinander steigert. Je klarer gedacht wird, um so heftiger fühlt es sich an; und je umwerfender einen ein Gefühl trifft, um so drängender das Bedürfnis, es gedanklich präzise zu rekonstruieren.

Beim Heimradeln abends paar Tage später kam ich an einem großen Unfall vorbei. UNFALLFORSCHUNG stand in schwarzen serifenlosen Versalien auf einem VW-Transporter der Polizei, der inmitten mehrerer anderer Polizeiwagen an der Einmündung der Hannah-Arendt- in die Ebertstraße parkte, mehrere Polizisten sicherten die Unfallstelle, einige untersuchten zwei schwarze Unfallwagen, denen kein dramatischer Schaden anzusehen war, aber am Boden lagen Gegenstände, Kleider, vielleicht war hier ein Fußgänger oder Fahrradfahrer angefahren worden, und weil die Straße sowieso gesperrt war, konnte ich die Ebertstraße auch bei Rot problemlos überqueren, diesmal fasziniert von der Arbeit dieser Polizisten, die diesen Unfall ERFORSCHEN würden, als kleiner Trupp. Es sind ja immer nur wenige, die ein bestimmtes hochspezialisiertes Wissen, das auch irgendwo als Kleingedrucktes vorliegt, aktiv parat haben und praktisch zur Anwendung bringen, an jeder Stelle kann man solche Trupps beobachten: am Krankenbett auf der Intensivstation, siehe Corona, in jeder Autowerkstatt, wo der defekte Wischwasserbehälter repariert wird, in der Kirche, wo eine Heilige Messe zelebriert wird, an den Schreibtischen des Beraterteams, das die Bilanz eines großen Unternehmens erstellt, oder im Tiergarten, wo die Bäume beschnitten werden; kann in diesem Gedanken das Absolute der Wirklichkeit erfahren, den Gegenstand der Erkenntnis. Unsere Polizei, Unfallforschung, Hinterhalt der Fahrradpolizisten, Sinnlosigkeit der Rechtsverstoßverfolgung.

Das ist das Problem am RECHT im Verkehr, daß die Rechtseinräumung die Rücksicht zerstört, daß der Anspruch, im Recht zu sein, die mögliche Koordination der Verkehrsteilnehmer ersetzt, die Aufmerksamkeit füreinander, die viel komplizierter und situationsadäquater sein kann als das Kleingedruckte der verallgemeinernden Rechtsvorschriften. Die sind nur besser praktikabel. Das war am Morgen der roten Ampel mein Gedanke, während die ältere der beiden Polizistinnen mich ausführlich belehrte, was genau der sogenannte Rotlichtverstoß gewesen war, den ich eben nach Ansicht des Gesetzes begangen hatte. Während die Polizistin in vorwurfsvollem Ton zu mir redete, schaute sie dauernd auf meinen Personalausweis, den sie in der Hand hielt, und es war situationsmäßig klar, daß jetzt ein mich rechtfertigender oder zumindest erklärender Text von mir erwartet wurde, von ihr, und vielleicht war sie deswegen verärgert, weil ich den nicht lieferte. Es ist nicht möglich, diesen Leuten meine Augenmaßidee der Rechtsanwendung zu erklären, die sie ja kennen, aber genau so ablehnen wie ich ihren praktizierten Legalismus. Außerdem ist klar, daß sie es auch bei einer Ermahnung belassen könnten, aber sie sehen einen Menschen wie mich, und haben keine Lust auf Nachsicht. Sie wird mich also bestrafen, gut, die Präventivwirkung der Strafe kann ich akzeptieren, nicht hingegen die erzieherische Rede, die nervt, die könnte ich nur annehmen, wenn sie mir dafür die Strafe erlassen würde. Die jüngere der beiden Polizistinnen begleitete die Aufschreibearbeit ihrer Kollegin mit freundlichen Blicken, lächelte mehrmals und sagte dann fragend, -Sie waren bestimmt in Eile? Und trotz meines verstockten inneren Trotzes sagte ich, um ihre Freundlichkeit nicht zu enttäuschen, -ja, obwohl ich überhaupt gar nicht in Eile gewesen war, im Gegenteil, ich war ja einfach nur aufs schönste, auf alle Fahrzeuge um mich herum aufmerksam orientiert, frei dahingeradelt.

Später ärgerte ich mich, daß ich nicht die Geistesgegenwart gehabt hatte, sie nach ihrem Selbstverständnis bei der Arbeit zu fragen. Aus meiner Zeit in der Psychiatrie, wo ich auf seiten der Ärzte agierte, weiß ich, wie man durch die Überwachung der Vorschriften selbst zur inneren Identität mit den Vorschriften kommt. Daher wird die Rechtsübertretung von den Fahrradpolizistinnen als persönlicher Affront gegen sie empfunden: Noch so ein Unverschämter, der da verbotenerweise über die freie Kreuzung fährt, nur weil sie frei ist. Und umso mehr empört sie der Rechtsverstoß, je weniger die Beachtung des Rechts in der konkreten Situation nötig gewesen ist, je reiner es sich also nur um einen Rechtsverstoß handelt. Je freier die Kreuzung, desto schlimmer in ihrem Empfinden die Frechheit, das Recht zu übertreten, bei Rot durchzufahren, und desto wichtiger ist es für sie, daß der Rechtsverstoß bestraft wird. Auch zum Schutz der Selbstachtung derer, die rechtskonform bei Rot warten, und nicht als die Deppen dastehen wollen. In New York habe ich beobachtet, daß der als Depp gilt und verachtet wird, der bei Rot wartet, obwohl die Straße frei ist.

Außerdem beschäftigte mich im Nachhinein die Überlegung, ob es Verhaltensvorschriften in geschriebener Form gibt, die den Umgang mit NACHSICHT regeln. Ob also auch dieser Trupp der zwei Polizistinnen im Kontakt mit mir als Ausführende eines schriftlich niedergelegten Programms agierten. Aber Regeln der polizeilichen Nachsicht gehören wahrscheinlich in den Bereich der explizit nicht regelbaren Illegalität, die jede Organisation braucht, gerade auch im Außenkontakt mit dem Publikum, hier mit mir. Recht, Verwaltung und Infrastruktur sind besonders umfassend vom Kleingedruckten bestimmt, in den meisten Fällen kennt man es auch als Betroffener nicht. Corona hat da in vielen Bereichen als Aufklärungskampagne gewirkt, vor allem im ersten halben Jahr, weil so viele Details des Alltags krisenhaft tangiert waren, nicht mehr funktionierten, dadurch ins Bewußtsein kamen und von Spezialisten öffentlich erklärt werden mußten, dann kollektiv diskutiert werden konnten.

•

Die Idee der Teilhabe an den DETAILS des Wissens, das in solchen Situationen im Hintergrund mitläuft, ist ein automatischer Folgeïmpuls des sofort nachfassenden Denkens. Ähnlich ist es mit dem Wissen, das man beim Zeitunglesen im Moment der Newstrance unbestimmt aufnimmt, das gibt es, das wirkt, das ist weltrelevant, das man dann später verstehend vertiefen möchte. Wie also ist die Logik der Ampelschaltung tatsächlich verfaßt, in Wirklichkeit vielleicht doch vernünftiger, als ich glaubte. Und wer schreibt die Programme dieser Ampelanlagen, in welcher Behörde, aufgrund welcher Vorschriften wird priorisiert, wie die Verkehrsströme aneinander vorbei und aufeinander zu geführt werden? Wird je überprüft, ob dieses Programm, das der Autor der Ampelschaltung sich ausgedacht hat, auch in der Wirklichkeit bei starkem Verkehr so funktioniert, wie vom Programm hyperdetailliert vorgesehen? Denn bei minimalstem Verstoß gegen die Ordnung, wenn etwa ein Auto auf der Trambahnspur steht, weshalb die Trambahn, obwohl sie Vorfahrt hat, nicht durchfahren kann, geht minutenlang an der ganzen Kreuzung gar nichts mehr. Das ist zwar nicht vorgesehen, kommt aber häufig vor. Ist die Ampel also an ihrer eigenen Kompliziertheit verrückt geworden, ein klassischer Fall bürokratischer Überregulierung, oder liegt doch nur ein Beobachtungs- und Bewertungsfehler meinerseits vor?

Die Erfahrung sagt, daß die Zeitung auch auf solche Fragen die Antworten weiß. Sie wurden entweder in letzter Zeit schon irgendwo bekanntgegeben, ich habe es nur übersehen, oder es ist so, daß in der Redaktion des Zeit-Ressorts ENTDECKEN, das eben noch von Moritz von Uslar mit geleitet wird, eine entsprechende Geschichte gerade in Vorbereitung ist, ein Reporter bereits am Nachfragen, ins Studium des die Dinge hier regulierenden Kleingedruckten vertieft, daß ein Porträt des obersten Ampelphasenregulators von Berlin schon fast geschrieben ist. Es sind die großen Publikumszeitungen, Frankfurter Allgemeine, Süddeutsche, Zeit, Welt und Spiegel, die seit vielen Jahren einen so umfassenden Begriff des Interessanten, für sie damit Relevanten vertreten, daß die textliche Begleitung aller, auch der randhaftesten und ephemersten aktuellen Weltvorgänge insgesamt sichergestellt ist. Erst recht die der wichtigen politischen Ereignisse. Angela Merkel hat im Berliner Ensemble, später auf Youtube, im ersten Interview nach dem Ende ihrer Kanzlerschaft nebenher erwähnt, daß sie für die Informationen, die sie zur Einschätzung der neuesten Politik braucht, nicht auf das in der politischen Bürokratie generierte, dem Arkanum der Macht vorbehaltene Sonderwissen angewiesen ist, sondern sehr gut und ausreichend präzise von den großen, bestens informierten Zeitungen informiert wird. Keinem Beobachter, der wissen will, was los ist, fehlt es an Informationen, die Welt ist ganz da, in Worten, man muß es nur lesen, den täglich vom Journalismus hervorgebrachten Text.

Das größte Problem der Ordnung der Rezeptivität ist die CHAOTIK, die sich ergibt, wenn man die Anregungen von außen so aufnimmt, wie es vernünftig ist: maximal irritabel, ablenkbar, wirr. Diese Ablenkbarkeit entspricht der Kunst, der ihr inhärenten Kindlichkeit. Auch der Nachvollzug des Anregenden darf chaotisch bleiben, das Verstehen sich eher in Anmutungen von Einsichtsintuitionen vollziehen, muß nicht unbedingt zu einer stringenten Folge von Argumenten werden, die man auch noch reproduzieren könnte. Es kann schon reichen, wenn man beim Studium der Ausführungen von Pirmin Stekeler in Hegels Logik 2 zur Frage Was ist absoluter Idealismus? das Gefühl hat: es fühlt sich beim Lesen so an, wie das, was ich meine, daß ich denke. Lieber eine komplizierte Sache nur fast verstehen, obwohl man sich sehr um sie bemüht, als eine simplifizierte ganz leicht und ohne Anstrengung. Gegen die Übermächte des Außen braucht es zugleich eine hohe Obsessivität der Projekte, des Besessenseins von dem Geplanten, vom eigenen inneren Selbst, sonst kommt vor lauter Assoziativitätskaskadenverfolgung beim Nachdenken und Lesen überhaupt keine Produktivität mehr zustande. Wie also müßte sich der Absolute Idealismus der Rezeption dem Spekulativen Realismus der Produktion unterordnen?

Gar nicht. Die Rezeption verfährt künstlerisch, die Produktion bürokratisch. In Zeiten der Konzentration auf Produktion, so in den zweieinhalb Wochen, in denen ich an diesem Bericht geschrieben habe, kann es keine gleichzeitige Vastness an Offenheit geben, um interessante Anregungen aufzunehmen. Es gibt kein Lernen von Neuem, kaum Teilhabe an Gegenwart, während man sich im Interesse der Produktion ganz auf sich konzentriert, auf das, was man kann, ist und weiß, auf die Zuspitzung der vielen Aspekte, die sich davor, in der Zeit der Einflußaufnahme, der Notate, des Sammelns von Aspekten und Referenzen um das Projekt herum zusammengefunden haben. Es wechselt sich also ab, Lesen und Schreiben, Denken und Singen, weg sein von den Menschen und Dabeisein bei Geselligkeit, Enge des Ich und Weite der Welt, um das zu werden, was es ist, Idee und Sache, Text, gedruckt, ganz klein.

MICHAEL SEEWALD

AL, N° 305, Fn 351

Ein Vermerk aus dem Vatikan über die Freude der Liebe

Die Päpste setzen in Ausübung ihres Lehramtes nicht nur andere, sondern auch sich selbst unter Druck. Das Joch, das sie sich auferlegen, heißt: Kontinuität. Je mehr die Dogmengeschichte ab Mitte des 18. Jahrhunderts – der Begriff wurde vermutlich 1747 von dem Aufklärungstheologen Johann Friedrich Wilhelm Jerusalem geprägt[1] – zeigte, welche Wandlungen die christliche Glaubenslehre seit ihren Anfängen durchlaufen hatte, und je mehr der liberale Katholizismus des 19. Jahrhunderts Reformen verlangte, desto mehr bestanden die Päpste darauf, dass Kontinuität durch alle Zeiten hindurch ein Wesensmerkmal der wahren Lehre sei.

Pius IX. konzedierte zwar, dass es einen im Fortgang der Zeit anfallenden Zuwachs der kirchenamtlich vorgelegten Doktrin gebe. Eine andere Position dieses Papstes wäre auch überraschend gewesen, schließlich war er es, der das Dogma von der Unbefleckten Empfängnis Mariens verkündete. Dieses Dogma besagt, dass Maria bereits von Beginn ihres Daseins an im Leib ihrer Mutter von der Erbsünde befreit worden sei – eine Vorstellung, für die es weder in der Bibel noch in den ersten Jahrhunderten der Christentumsgeschichte Belege gibt. Wer die *immaculata-conceptio*-Lehre propagiert, muss also davon ausgehen, dass die kirchliche Dogmatik über den Status quo der Schrift und der altkirchlichen Tradition hinausgeht. Die Entwicklung der Glaubenslehre verlaufe jedoch, so Pius IX., stets in strenger Kontinuität zu vorhergehenden Stadien der kirchlich verkündeten Doktrin. Christus habe bei der Kirche Dogmen hinterlegt, die Kirche wiederum verändere «niemals etwas an diesen, nimmt nichts weg, fügt nichts hinzu», sondern verleihe lediglich den «alten Dogmen der himmlischen Lehre Einsichtigkeit, Licht und Bestimmtheit», wobei deren «Fülle, Unversehrtheit und Eigentümlichkeit»[2] gewahrt werde. Mit diesen Aussagen hat Pius IX. seinen Nachfolgern bis auf den heutigen Tag die Beweislast der Kontinuität oder, besser gesagt, die Last des Kontinuitätsdrucks auferlegt.

Lehrmäßige Kontinuität und dogmatischer Kontinuitätsdruck sind nicht dasselbe. Ersteres ist ein doxographisches Ideal, Letzteres eine Antwort darauf, dass dieses Ideal angesichts der Lehrentwicklung im real existierenden Katholizismus scheitert. Dis-

1 Vgl. Karl Aner: Die Historia dogmatum des Abtes Jerusalem, in: Zeitschrift für Kirchengeschichte (Neue Folge) 10 (1928), S. 76–103.

2 Pius IX.: Bulle «Ineffabilis Deus», 8. Dezember 1854 (DH 2802).

kontinuitäten in Fragen der Lehre hat es in der papalen Dogmatik des 19. und 20. Jahrhunderts immer wieder gegeben.[3] Paul VI. beantwortete zum Beispiel die Frage, worin das dogmatische Wesen des Bischofsamtes bestehe, gänzlich anders als Pius XII. (bedenkt man, dass ein großer Teil der Diskussionen in der katholischen Kirche um Amtsfragen kreist, ist das alles andere als eine Kleinigkeit), Pius XII. vertrat eine andere Lehre über das Zustandekommen des Weihesakraments, als Päpste und Konzilien es seit dem Hohen Mittelalter taten, und das Zweite Vaticanum entwickelte zumindest in seiner Pastoralkonstitution eine Verhältnisbestimmung von Kirche und Heil, die sich von der Votumlehre Pius' XII. deutlich unterschied. Derartige Kehrtwenden, Brüche und Neuansätze in der Dogmatik der katholischen Kirche werden päpstlicherseits jedoch nicht als solche gekennzeichnet, da die wahre Lehre sich dem papal gepflegten Ideal zufolge durch eine «*évolution homogène du dogme*»[4] auszeichne, die nur Vertiefung und Erweiterung, nicht aber Innovation und Korrektur zulasse.

Der selbstauferlegte Kontinuitätsdruck hatte zur Folge, dass päpstliche und seltener auch konziliare Verlautbarungen Techniken zur Errichtung von Kontinuitätsfassaden entwickelten.[5] Nur selten fühlten sich die Päpste, die sich einer ständigen Bedrohung durch die «Welt» und deren angebliche Versuche, die Lehre der Kirche zu korrumpieren, ausgesetzt sahen, so gefestigt, dass sie wie Pius XII. 1947 nach einem Eingriff in die Theologie des Ordo lapidar feststellen konnten: Es «wissen alle, daß die Kirche, was sie festgelegt hat, auch verändern und abschaffen kann».[6] Der Anschein von Kontinuität schafft Legitimität. Pius XII., der nach Ende des Zweiten Weltkrieges innerkirchlich wie auch politisch auf einem Höhepunkt des Ansehens stand, wie ihn das Papsttum im 20. Jahrhundert vor und nach ihm nicht mehr erlebte, hatte eine Kontinuitätserzählung als Legitimationsressource offenbar nicht nötig. Seine Vorgänger und Nachfolger hingegen wählten subtilere Mittel, um ihre Lehrtätigkeit und deren Neuerungen hinter einer Fassade der Kontinuität zu verbergen. Sie betrieben Innovationsverschleierung, indem sie Neues schlicht als Altes, schon immer Dagewesenes ausgaben und so zum Beispiel ein katholisches Urheberrecht für jene Religionsfreiheit geltend

3 Für die erste Hälfte des 20. Jahrhunderts vgl. Matthias Daufratshofer: Das päpstliche Lehramt auf dem Prüfstand der Geschichte. Franz Hürth SJ als «Holy Ghostwriter» von Pius XI. und Pius XII., Freiburg ²2021.

4 Francisco Marín-Sola: L'Évolution homogène du dogme catholique (2 Bände), Fribourg ²1924.

5 Zu diesen Techniken samt Beispielen aus der Lehrentwicklung in der zweiten Hälfte des 20. Jahrhunderts vgl. Michael Seewald: Reform. Dieselbe Kirche anders denken, Freiburg 2019, S. 74–109.

6 Pius XII., Apostolische Konstitution «Sacramentum Ordinis», 30. November 1947 (DH 3858).

machten, gegen die die Päpste noch bis zum Vorabend des Zweiten Vatikanischen Konzils erbittert ankämpften. Oder man bemühte sich, bestimmte Lehren einfach in Vergessenheit geraten zu lassen. Die Vorstellung, dass alle Menschen biologische Nachkommen der historischen Persönlichkeiten Adam und Eva seien, was Pius XII. noch im Jahr 1950, fast hundert Jahre nach Erscheinen von Darwins Werk über die Entstehung der Arten, mit höchster Autorität eingeschärft hatte, erschien seinen Nachfolgern offenbar peinlich. Sie distanzierten sich nie ausdrücklich vom Monogenismus, ließen diese Lehre jedoch stillschweigend fallen. Sie wird in offiziellen Dokumenten nicht mehr erwähnt.

Papst Franziskus hat in dieses Ringen um die Legitimität von Neuerungen durch Kaschierung ihres Innovationscharakters eine neue Technik eingebracht: das Wechselspiel von Groß- und Kleingedrucktem, Haupttext und Fußnote. In seiner 2016 veröffentlichten Adhortation *Amoris laetitia* über «die Freude der Liebe» ermahnt Franziskus die Priester, ein Hirte dürfe «sich nicht damit zufrieden geben, gegenüber denen, die in ‹irregulären› Situationen leben, nur moralische Gesetze anzuwenden, als seien es Felsblöcke, die man auf das Leben von Menschen wirft».[7] In «irregulären» Situationen, wie es im moraltheologischen Inkriminationsjargon heißt, befinden sich Menschen, die kirchenrechtlich gültig verheiratet sind, sich dann scheiden lassen und eine neue standesamtliche Ehe eingehen. Die sogenannten «wiederverheiratet Geschiedenen» bleiben kanonisch gesehen an ihre erste, aus kirchlicher Sicht fortbestehende Ehe gebunden. Diese Ehe brechen sie laut päpstlicher Ehelehre der Neuzeit, wenn sie nach einer Scheidung wieder in einer festen Partnerschaft leben, wobei eine zweite Eheschließung den Bruch der ersten Ehe institutionell zementiere und die Betroffenen folglich dauerhaft in «schwerer Sünde» leben. Ihre Möglichkeiten, an sakramentalen Vollzügen der Kirche teilzunehmen, waren bislang stark eingeschränkt. Denn wer eine schwere Sünde begangen hat, muss laut Katechismus zur Beichte gehen, bevor er die Kommunion empfängt.[8] Konstitutiv für den Empfang des Bußsakramentes sind Schuldbekenntnis, Reue und der Vorsatz, künftig nicht mehr zu sündigen. Für wiederverheiratet Geschiedene heißt

7 Nachsynodales Apostolisches Schreiben «Amoris Laetitia» des Heiligen Vaters Papst Franziskus (Verlautbarungen des Apostolischen Stuhls 204), Bonn 2016, Nr. 305.

8 Katechismus der Katholischen Kirche, München 1993, Nr. 1457.

dies, dass sie die Ehe, in der sie leben, als sündhaft bekennen sowie artikulieren müssen, dass es ihnen leidtue, mit ihrem Partner verheiratet zu sein, und dass sie den Vorsatz fassen, sich von ihm oder ihr zu trennen oder zumindest in Enthaltsamkeit zu leben. Wer dies nicht tut, konnte bis *Amoris laetitia* das Bußsakrament nach den offiziell geltenden Regelungen nicht empfangen und war folglich auch vom Kommunionempfang ausgeschlossen.

Papst Franziskus legt im Haupttext seiner Adhortation dar, dass man in einer «objektiven Situation der Sünde» und zugleich «in der Gnade Gottes leben» könne, «wenn man dazu die Hilfe der Kirche bekommt».[9] Diese Aussage klingt nicht nur so abstrakt, dass sie dem Status quo kaum gefährlich wird, sondern sie zeugt auch von einer rigiden Verhältnisbestimmung zwischen Kirche und Gnade. Denn die Möglichkeit, in der Gnade Gottes zu leben, wird konditional an die «Hilfe der Kirche» gebunden. Im Kleingedruckten der Fußnote jedoch erhält diese Aussage eine andere Stoßrichtung. Fußnote 351 präzisiert, dass besagte «Hilfe der Kirche» in «gewissen Fällen [...] auch die Hilfe der Sakramente» sein könne, denn der Beichtstuhl sei «keine Folterkammer» und die Kommunion «nicht eine Belohnung für die Vollkommenen, sondern ein großzügiges Heilmittel und eine Nahrung für die Schwachen».[10] Damit wird der Zirkel, dass «objektiv schwere Sünden» bei mangelndem Vorsatz, nicht mehr zu sündigen, zum Ausschluss von den Sakramenten führen, durchbrochen und eine liberale Praxis der Sakramentenspendung lehramtsoffiziell als fußnotenhafte Erläuterung einer konservativen Verhältnisbestimmung von Gnadentheologie und Ekklesiologie etabliert.

Jene, die diesen Bruch des Papstes mit der Sakramententheologie und Morallehre seiner Vorgänger richtig finden, übersehen gelegentlich den Preis der Liberalisierung. Denn wo das Leben in der Gnade Gottes konditional an die Hilfe der Kirche gebunden wird, wird die Kirche als heilsvermittelnde Anstalt so stark profiliert, wie es seit Pius XII. nicht mehr der Fall war. Andere hingegen, denen die liberale Position des Papstes in praktischen Fragen zu weit geht, ignorieren ebenfalls den Haupttext, in dem Franziskus sich traditioneller gibt als die Päpste der letzten sechzig Jahre, und konzentrieren sich auf das Kleingedruckte, in dem sie

9 «Amoris Laetitia» (Anm. 7), Nr. 305.

10 Ebd., Nr. 305, Anm. 351.

Abb. 1
Es wird im Vatikan nichts so heiß serviert, wie es in der innovativen Küche gekocht wird. Papst Franziskus erläutert das vierte Kapitel («Die Liebe in der Ehe») von «Amoris Laetitia» mit einer Szene aus «Babettes Fest», der Verfilmung einer Novelle von Tania Blixen.

Häresien ausfindig zu machen glauben. Entsprechend groß war der Aufruhr in konservativen Kreisen. Kardinäle schrieben Brandbriefe an den Papst, meldeten öffentlich Dubia an seiner Lehre an, und (ehemals) äußerst papsttreue Katholiken schickten eine *correctio filialis* an Franziskus, in der sie ihn aufforderten, zur angeblich kontinuierlich bezeugten Lehre der Kirche, die er im Kleingedruckten seiner Adhortation verlassen habe, zurückzukehren.

Dieser Streit hat die theologische Aufmerksamkeit auf einen neuen Aspekt in der Deutung lehramtlicher Dokumente gelenkt und den Artefaktcharakter magisterialer Texte in den Blick geraten lassen. Wurden diese Texte bislang als immaterielle Sinngewebe aufgefasst, deren propositionalen Gehalt es zu erschließen galt, rücken mit den Auseinandersetzungen um *Amoris laetitia* materiale Fragen der Textgestaltung in den Vordergrund: der Unterschied zwischen Groß- und Kleindruck, Haupttext und Fußnote. Besteht ein hierarchisches Abhängigkeitsverhältnis zwischen beiden und, wenn ja, in welcher Richtung? Man könnte einerseits argumentieren, dass dem Haupttext Priorität gegenüber der Fußnote einzuräumen sei, weil letztere lediglich eine Erläuterung des ersteren darstelle. In einer solchen Lesart müsste man Franziskus als einen Papst deuten, der gnadentheologisch und ekklesiologisch auf den Spuren Pius' XII. wandelt. Andererseits könnte man mit dem Grundsatz, dass spezielleren Vorschriften der operationelle Vorrang gegenüber allgemeineren abstrakten Regeln gebühre, auch für einen Primat des deutlich spezifischeren Kleingedruckten in den Fußnoten von *Amoris laetitia* eintreten. Gegner wie Befürworter von Fußnote 351 haben sich meist für den letztgenannten Weg entschieden.

Vielleicht gehört es aber zum Pluriversum des gegenwärtigen Pontifikates, dass altbacken wirkende Vorstellungen, die Franziskus pflegt, neben Liberalisierungen kirchlicher Praktiken stehen, die der Papst ebenfalls propagiert. Die Unterscheidung zwischen Haupttext und Fußnoten, die für die Lehrschreiben von Papst Franziskus konstitutiv ist (*Amoris laetitia* enthält 391 Anmerkungen), bietet dieser Gleichzeitigkeit des Ungleichzeitigen womöglich eine Form, um Kontinuität im Haupttext weiter großzuschreiben, im Kleingedruckten aber Umbrüche zu wagen.

Bildnachweis:
Abb. 1: akg-images/Album.

Pascale Cancik

Lob der Sirenenförderrichtlinie

§ 1 Im Rechtsstaat sind alle Rechtstexte kleingedruckt. Sogar die Verfassung, der gelegentlich angerufene «große» Text: kleingedruckt auf Dünndruckpapier, ähnlich Bibeln, Gesangbüchern und pharmazeutischen Packungsbeilagen.[1]

§ 2 Ohne (Klein-)Druck gibt es kein Recht; genauer: kein geltendes Recht; noch genauer: kein Recht mit Geltungsanspruch. Gingen wir jener Bedeutung des Druckens für das Recht nach, entstünde eine Geschichte der verdrängenden Ergänzung des Mündlichen durch das Schriftliche, durch das Gedruckte und neuerdings das Nichtgedruckte, aber theoretisch Druckbare im virtuellen Raum.

Jene Geschichte erklärte die Expansion des Rechts (auch) mit den technisch-medialen Faktoren. Sie führte uns zur aufklärerischen Erfindung der Gesetzblätter um 1800 und zu der damit verbundenen Erleichterung, Rechtskenntnis zu erlangen und zu verlangen.[2]

Die Abhängigkeit von unzuverlässiger Kanzelverkündung, ebenso unzuverlässigem Anschlag am Dorfkrug und dem mehr oder weniger günstigen Privatbekanntmachungsgewerbe verschwand endgültig, jedenfalls für die juristische Geltungsdogmatik. Mit Verkündung im amtlichen Blatt konnte das In-Kraft-Treten des gedruckten Rechts zeitlich gesteuert, die normative Geltung, also Verbindlichkeit für alle fingiert werden, seien diese «alle» lesefähig oder nicht. Klagende Einwände von Privat- und Staatsmenschen, man habe doch von jenem Recht nichts gewusst, konnten fortan zurückgewiesen werden. Das – klein oder groß – gedruckte Recht der Zentrale (ver)band virtuell oder tatsächlich überall.

An jener Verbindlichkeitsfiktion wird die neueste mediale Modernisierung, der Ersatz des gedruckten Blattes durch Einstellung auf einer virtuellen Verkündungsplattform nichts ändern.

Das Bundesgesetzblatt ist schon seit längerem auch als «elektronische Kopie» zugänglich (www.bgbl.de). Es unterliegt indessen noch dem digitalen Urheberrecht der privatisierten Bundesanzeiger Verlag GmbH, die diesen Service zur Verfügung stellt. Wie in anderen Staaten soll nun die *geltungsbegründende* Papierpublikation durch die elektronische Publikation abgelöst werden. Das «digitale» Gesetzblatt soll dann unentgeltlich und barrierefrei zugänglich sein. Um das geltungsbegründende *Nichtdrucken* von Gesetzen zu ermöglichen, bedarf es neben einer Verfassungsänderung (Art. 82 Abs. 1 GG) der Einrichtung einer sicheren Verkündungsplattform.[3]

1 Zum Dünndruck, in bemerkenswertem Deutsch beschrieben, vgl. https://becksche.de/Meldung/22-01-2021-papier-so-duenn-wie-seide (Aufruf aller Internetquellen: 21.08.2022).

2 Pascale Cancik: Verwaltung und Öffentlichkeit in Preußen, Tübingen 2007, S. 53–205, zur Geltungsfiktion: S. 155–195, zusammenfassend S. 199–201.

3 Siehe den Entwurf eines Gesetzes zur Modernisierung des Verkündungs- und Bekanntmachungswesens, BTDrs. 20/3068 vom 10.08.2022; [https://www.bundestag.de/dip-api/api/v1/drucksache-text/262448?ref=bt&format=xml].

Besorgte Nostalgiker:innen dürfen auch sonst beruhigt sein: Die Bezeichnung als «Gesetzblatt» und die eingeführte Nummerierung bleiben gleich, Gesetze werden also einstweilen nicht als Version XXX.0 gepostet.[4]

Im Notfall – «Bundesgesetzblatt Opfer von Cyberangriff» – wird wie vordem gedruckt, ausgehängt und später digitalisiert.[5] Es wird sich weisen, wie lange die aus der Epoche des Papier-Zeitalters stammende Redeweise vom Gesetz-Blatt noch verstanden wird.

Diese Geschichte vom – vergehenden – Drucken des Rechts könnte mit der Frage enden, ob nach der neusten Modernisierung mehr Menschen mehr Zugang zum Recht haben, das Recht öffentlicher und inklusiver sei als früher. Entsprechende Erwartungen gab es um 1800 und gibt es gegenwärtig, heute unter dem nicht zuletzt drucktechnisch interessanten Label «Transparenz».

§ 3 Auch in der Verfassung, gelegentlich als «großer Text» verehrt, gibt es – Metapher! – Kleingedrucktes. Lesen wir in Artikel 91c Absatz 2 Grundgesetz.

«Bund und Länder können auf Grund von Vereinbarungen die für die Kommunikation zwischen ihren informationstechnischen Systemen notwendigen Standards und Sicherheitsanforderungen festlegen. Vereinbarungen über die Grundlagen der Zusammenarbeit nach Satz 1 können für einzelne nach Inhalt und Ausmaß bestimmte Aufgaben vorsehen, dass nähere Regelungen bei Zustimmung einer in der Vereinbarung zu bestimmenden qualifizierten Mehrheit für Bund und Länder in Kraft treten. [...]»

Nichts für die *gens de lettres*, die «das Große» am großen Text schätzen und anrufen: Menschenwürde, Freiheit, Rechtsstaat. Artikel 91c ist nur eine von vielen Rechtsgrundlagen für eine der großen «Transformationen» der Gegenwart, die uns, wenn nicht gleich ganz von Herrschaft, dann doch von der papiernen Herrschaft des (Klein-)Gedruckten befreien soll. Jedenfalls, wenn man den Kämpfern gegen «Bürokratiemonster» glauben mag, welche die Digitalisierung als Entbürokratisierungswunderinstrument preisen. Wie weiland der Bauersmann in Johann Peter Hebels Kalendergeschichten, der heimlich das Blatt mit der ihn drückenden Regelung aus dem Landrecht des Advokaten herausriss:

4 Auch im Gesetzgebungsverfahren werden wohl bald die guten alten «Drucksachen» – «BTDrs.», «BRDrs.», «AusschussDrs.» – nur noch elektronisch sein. Bei kluger technischer Ausgestaltung könnte alles mit Big-Data-Möglichkeiten analysiert werden.

5 § 8 Abs. 2 Entwurf VkBkmG (Fn. 3).

«[...] ‹aber nicht wahr›, sagte der Advokat, ‹diesen schlechten Rechtshandel hab ich gut für Euch geführt?› – ‹Den Gukuk hat Er›, erwiderte der Bauersmann und zog das ausgerissene Blatt wieder aus der Tasche hervor, ‹sieht Er da. Kann Er gedruckt lesen? Wenn ich nicht das Gesetz aus dem Landrecht gerissen hätte, Er hätt den Prozeß lang verloren.› Denn er meinte, wirklich, der Prozeß sei dadurch zu seinem Vorteil ausgefallen, daß er das gefährliche Gesetz aus dem Landrecht gerissen hatte [...]»[6]

6 Der Prozeß ohne Gesetz (1813), abgedruckt bei Michael Stolleis: Der menschenfreundliche Ton. Zwei Dutzend Geschichten von Johann Peter Hebel mit kleinem Kommentar, Frankfurt/M. 2003, S. 85 ff.

§ 4 Das Lied von der Überlastung mit kleingedrucktem Recht ist alt. Es wird regelmäßig angestimmt, die Anlässe scheinen den jeweiligen Beobachtern jeweils zuzunehmen. Ein Grundrauschen des Rechtsstaats. Man kann der Zeit-, Nerven- und Geldverschwendung aufgrund jener tatsächlich oder vermeintlich überregulierenden «Regelungsfluten» nicht entkommen. Also reduzieren wir sie, indem wir sie als «Bürokratie» ressentimentieren und umgehen, wo es geht. Diese Kleinlichkeiten, die nur Bürokraten genießen können. Und nicht einmal die wollen Bürokraten sein.

Die Geschichte von der bürokratischen Kleinlichkeit des Staates wird indessen auch dankend ausgebeutet. Vielleicht am meisten von denen, die für ihre Zwecke das wohl Kleinstgedruckte überhaupt nutzen: «Allgemeine Geschäftsbedingungen» und «Cookie-Einstellungen». So heißen die oft nur schwer lesbaren Regelungen, im papiernen Zeitalter gedruckt als Nebentexte zum Hauptvertrag. Im Netz blinken sie überall auf, die Fenster des Annehmens, denen alle immer zustimmen, ohne ihnen zuzustimmen. Man könnte sie natürlich auch ablehnen. Anders als im zwingenden Staat handelt es sich schließlich um das Kleingedruckte der freien Wirtschaft. Doch bei Ablehnung droht die mühsame, oft vergebliche Suche nach einer neuen Bank, Versicherung oder Internetseite. Also stimmen wir zu, unwillig freiwillig. Das Recht nennt auch das: Privatautonomie, Freiheit. Und die ohnmächtigen kleinen AGB- und Cookie-Unterworfenen verstehen Max Webers Passage zum stählernen Gehäuse der Hörigkeit.

§ 5 Wenn keiner es will, «wer hat's erfunden», das ganze kleingedruckte kleinliche Recht? Von vielen Geschichten nur eine:

> Lange vor unserer Zeit lebte ein Herrscher. Er verbot die geliebten Plastiktragetüten mit einer Wandstärke von 15μm bis 50μm. Die mutigsten der so bedrückten Untertanen flohen in die umliegenden Kiefernwälder und leisteten Widerstand: Plastiktragetüten mit Wandstärken von 51μm. Die gutmütige Hofsekretärin des Herrschers runzelte besorgt die Stirn. In ihr Tagebuch notierte sie: «Das geltende Recht an der Nase herumzuführen, indem sie Einwegtüten einfach minimal dicker machen, schadet der Umwelt. Ich hoffe, dass es nicht schon wieder eine gesetzliche Regelung braucht.» So lebten sie. Und wenn sie nicht gestorben sind …[7]

Einer gängigen Interpretation zufolge zeigt die Geschichte, dass die vom kleinlichen Recht Getroffenen die eigentlichen Verursacher des Kleingedruckten waren, menschliches Kleinlichkeitspingpong der «wahre Quell», wie es altertümelndem Stil formuliert wurde. Rechtshistorische Analyse kann die kleine Fabel als weiteren Beleg einordnen in die lange Problemgeschichte des Rechts als Instrument zur Steuerung menschlichen Verhaltens.

§ 6 Gedrucktes Recht gerät schließlich nicht selten unter Druck durch die dem Publikum unsichtbare Verweigerung des Kleingedruckten. Ohne das kleingedruckte Recht kann das Große nicht wirken. Die Konkretisierung des Rechts im «kleineren» Recht der Verordnungen, Verwaltungsvorschriften und Runderlasse ist die Bedingung für das «Geltend-Machen» des Rechts. Wie anders sollten denn Verwaltungen Rechtstexte in Praxis übersetzen? Regierungen, die ungeliebtes Recht ohne demokratische Änderung umgehen, zum bloßen Text erstarren lassen wollen, finden in der Verweigerung des «kleineren Rechts» einen Weg. Doch auch die unvorsätzliche, die ungezielte, die überlastungsgeschuldete Unterlassung kann das gedruckte «große» Recht untergraben.

§ 7 Preisen wir also gelegentlich etwas Kleingedrucktes, heute den RdErl. d. MI v. 20.7.2022, gedruckt im Nds. MBl. Nr. 29/2022, S. 982, auch bekannt als Sirenenförderrichtlinie.[8] Sie kann Leben retten.

Bitte drucken!

7 Zitat von Bundes-Umweltministerin Steffi Lemke in einer Meldung vom 17.6.2022: [www.merkur.de/wirtschaft/ermahnung-ministerin-lemke-supermaerkte-umgehen-plastiktueten-verbot-91615299.html].

8 Richtlinien über die Gewährung von Zuwendungen zur Förderung der technischen Ausrüstung der kommunalen Warninfrastruktur (Sirenenförderrichtlinien). Auch im Netz: www.nds-voris.de, s. v. Förderung Sirenen.

Bildnachweis: © Shutterstock.

Christian Neumeier

Was tun?

Die Kompetenzkataloge des Yves-Claude Jourdain

Acht Jahre und drei Verfassungen dauerte es, bis die Revolution juristisch eingeholt wurde. 1797 erschien ein Kompendium auf dem Pariser Buchmarkt, das seinen Lesern eine vollständige Auflistung aller Kompetenzbestimmungen des neuen Gemeinwesens versprach. Auf 547 Seiten sollte dieser *Code de compétence* eine «handliche» und «methodische Sammlung» der Kompetenzen aller «Funktionäre der Französischen Republik» bieten, wie Untertitel und Vorwort verhießen.[1] In dieser Abstraktion war der Gebrauch des Wortes *compétence* ebenso neu wie die politische Ordnung, die es beschreiben sollte. Seit Jahrhunderten hatte man so vor allem die Zuständigkeit eines Richters für einen bestimmten Fall bezeichnet: «*le droit qui appartient à un juge de prendre connoissance d'une affaire*», wie es noch wenige Jahrzehnte vor der Revolution die Enzyklopädie definiert hatte.[2] Nicht nur die Bürger hatte die Revolution zu Freien und Gleichen gemacht, indem sie die feudalen Privilegien abschaffte. Auch die Unterschiede zwischen den Amtsträgern schienen mit einem Mal aufgehoben. Gleich ob Abgeordnete, Mitglieder des Direktoriums, Richter oder Verwaltungsbeamte, sie alle wurden nicht länger durch Geburt, Gnade oder eine listige Hand im höfischen Intrigenspiel, sondern durch Verfassung und Gesetz eingesetzt, um bestimmte öffentliche Aufgaben mit begrenzten rechtlichen Befugnissen zu erfüllen. Mit der Verfassung von 1795, dem Jahr III des neuen republikanischen Kalenders, waren so aus Parlamenten, Gemeindeversammlungen, Ministern, Gerichten und Verwaltungsbehörden Funktionäre der Republik geworden – «*Fonctionnaires*» wie der *Code de compétence* sie zwei Jahre später folgerichtig nannte. Ihre verschiedenen Aufgaben, Befugnisse und Zuständigkeiten wurden unterschiedslos zu Kompetenzen, die sich, so schien es nun, in einem einzigen Katalog sammeln und zusammenstellen ließen.

I.

Der Autor des *Code de compétence* war Yves-Claude Jourdain, ein bis dahin unbekannter Jurist aus der Provinz. Am 15. Juli 1749 in Brest geboren, entstammte er einer aufstrebenden Familie, seine Mutter adlig, sein Vater Militär.[3] Er war als Advokat am Parlament von Rennes tätig, bevor ihn die Revolution zum Richter am

1 Jourdain: Code de compétence, ou recueil méthodique de dispositions non abrogées, puisées dans les Loix des Assemblées Nationales, qui se sont succédées depuis 1789 jusqu'à présent, concernant la Compétence des Assemblées primaires, communales, électorales, du Corps Législatif, du Directoire Exécutif et de ses Ministres, des Corps administratifs et judiciaires, et de tous Fonctionnaires de la République française, fondée sur les bases de la Constitution de l'an iii, Rennes 1797.

2 Encyclopédie, ou Dictionnaire raisonné des sciences, des arts et des métiers, Bd. 3, Paris 1753, S. 762.

3 Biographische Informationen bei Robert/Bourloton/Cougny (Hrsg.): Dictionnaire des parlementaires français, Bd. 3, Paris 1891, S. 435; Robinet/Robert/Chaplain (Hrsg.): Dictionnaire historique et biographique de la Révolution et de l'Empire 1789–1815, Paris 1899, S. 235; Maillet: Origine de la bibliothèque de Rennes, Rennes 1845, S. 46–47.

Appellationsgericht beförderte und 1798 als Abgeordneten der zweiten Kammer nach Paris brachte.[4] Dort stieg Jourdain, offenbar mit Ordnungssinn und Organisationstalent begabt, rasch zum Sekretär des *Conseil des Anciens* auf. Von seinen Kollegen mit der Verwaltung der juristischen Bibliothek betraut, hatte er sich noch in Rennes darangemacht, die Dekrete der Nationalversammlung in alphabetischer Ordnung zu edieren.[5] Eine «rein mechanische» Arbeit, wie Jourdain eingestand, die ihn «viel Beständigkeit des Gemüts und Zeit» gekostet hatte. Publizistisch war ihr kein Glück beschieden. Der jakobinische Umsturz vom Sommer 1793 «erstickte das Werk im Moment seiner Geburt» und machte die «Früchte» mühevoller Arbeit zunichte, wie er im Vorwort seines *Code* noch Jahre später mit Ingrimm vermerkte.[6] Kaum im Conseil angekommen, rächte sich Jourdain auf seine Weise und ließ den Sturz Robespierres zum Feiertag erklären.

Als der *Code* 1797 erschien, traf er auf ein von Krieg, Hunger, Inflation, Kriminalität und Gewalt gebeuteltes Land.[7] Die Opfer des *Terreur* ersehnten Vergeltung für die revolutionären Verbrechen, die alten Eliten gewannen Boden zurück und Robespierre wurde allgemein zum Sündenbock erklärt. Der Kampf um die Deutungshoheit über die Revolution hatte begonnen.[8] Während die revolutionäre Agitation in den jakobinischen Clubs von neuem ausbrach, schiffte die englische Flotte tausende monarchistische Frondeure über die Kanalküste ins Land.[9] Gerüchte von Revolten und Rebellionen, Verschwörungen und noch mehr Verschwörungstheorien machten die Runde. In dieser Situation war das Direktorium 1795 angetreten, um die Revolution zu beenden, ohne ihre sozialen und politischen Errungenschaften preiszugeben.[10] Zum Amtsantritt verkündete sie den Franzosen, dass von nun an «*l'inflexible justice et l'observation la plus stricte des lois*» die Regel sein sollten.[11] Nach der Revolution kam der Rechtsstaat. Das Wahlrecht wurde beschränkt, eine zweite Kammer eingeführt. Handel und Industrie sollten wieder auferstehen, Rache und Parteilichkeit aufhören. Nur der Krieg gegen Monarchisten, Emigranten und die katholische Kirche sollte weitergehen.[12]

Die neue Regierung, die sich die Herrschaft von Recht und Gesetz auf die Fahnen schrieb, bestand neben Glücksrittern wie

4 Die parlamentarischen Handbücher geben die Wahl vom 27. Germinal des Jahres VII (1799) an. Maillet: Origine nennt 1798 als Jahr von Jourdains Wahl. Einige seiner als Flugschriften gedruckten Reden sind ebenfalls auf das Jahr 1798 datiert, was für einen Druckfehler in den Handbüchern spricht. Zum revolutionären Milieu der Parlamente siehe Bell: Lawyers and Citizens, New York 1994.

5 Jourdain: Extrait alphabétique de tous les décrets de l'Assemblée nationale, 2 Bde., Rennes 1791.

6 Jourdain: Code de compétence, 1797, S. 2.

7 Brown: The Politics of Public Order, in: Andress (Hrsg.), The Oxford Handbook of the French Revolution, Oxford 2015, S. 538.

8 Jennings: Revolution and the Republic, Oxford 2011.

9 Israel: Revolutionary Ideas, Princeton 2014, S. 593–615.

10 Brown: Ending the French Revolution, Charlottesville 2006, S. 21–46.

11 Proklamation vom 5. November 1795, abgedruckt in: Debidour (Hrsg.): Recueil des actes du Directoire exécutif, Bd. 1, Paris 1910, S. 19–21. Vgl. Lucas: The First Directory and the Rule of Law, French Historical Studies 10 (1977), S. 231.

12 Debidour: Recueil, S. 20.

dem Vicomte Barras aus einer Koalition von alten Republikanern, gemäßigten Jakobinern und jenen *Thermidorians*, die den Terror ins Werk gesetzt hatten, bevor sie Robespierre stürzten, ehe sie selbst die Guillotine ereilte. Die Suche nach einer republikanischen Koalition, die die Spaltung von 1793 überbrückte, blieb schwierig, die Schlächter zunächst im Amt.[13] In der Praxis regierte das Direktorium bald zunehmend autoritär durch Pressezensur, Sonderkommissare, Ausnahmegerichte und militärische Repression.[14] 1797 ließen drei der fünf Direktoren im *Fructidor*-Putsch kurzerhand ihre beiden Kollegen, die Präsidenten beider Kammern und einige Dutzend Abgeordnete verhaften, die man monarchischer Sympathien verdächtigte. Die Wahl im Jahr 1798, die Jourdain ins Amt brachte, überstand das Direktorium nurmehr mit Manipulationen.[15] Im folgenden Jahr ging die Mehrheit der wahlberechtigten Bürger nicht mehr zu Wahl.[16]

II.

Die politische Situation war also desperat. Nicht so Yves-Claude Jourdain. Der *Code de compétence*, erklärte er seinen Lesern, erscheine unter sehr viel «besseren Auspizien» als seine rasch überholte Gesetzessammlung von 1791.[17] Die neue Verfassung sei bereits seit drei Jahren in Kraft, ihre Geltung durch die «Übereinkunft aller Einzelinteressen» gesichert. Nur «instruieren» müsse man die Bürger noch, damit sie ihre Verfassung auch ins Herz schlössen. Dafür wollte nun Jourdain sorgen: mit einem «tragbaren Band» für die «Bürger aller Klassen», der sämtliche Kompetenzbestimmungen von der «Morgenröte der Revolution» an enthalten sollte – soweit sie noch in Kraft waren. Jourdain war stolz auf seinen *Code*. «*Infiniment plus pénible*» fand er die «neue Ordnung» der Kompetenzen.[18] Manches spricht dafür, dass er sich bei seiner Sammlung am Standardwerk des großen Juristen Guyot orientierte, der vor der Revolution in drei Bänden das gesamte Recht der öffentlichen Ämter ausgebreitet hatte.[19] Jourdain ersetzte jedoch die unendlich verworrene Mannigfaltigkeit der «*fonctions, franchises, exemptions, prérogatives et privileges annexes en France à chaque Dignité, à chaque Office & à chaque État, soit Civil, soit Militaire, soit Ecclésiastique*» durch die einfache und abstrakte Form legaler Kompetenzen. Das war mehr als eine bloße Äußerlichkeit.

13 Jainchill: Reimagining Politics after the Terror, Ithaca 2006.

14 Belissa/Bosc: Le Directoire. La république sans la démocratie, Paris 2018; Brown: The Politics of Public Order, S. 545–553.

15 Brown: The Politics of Public Order, S. 545.

16 Crook: Elections in the French Revolution, Cambridge 1996, S. 139; Brown: The Politics of Public Order, S. 545.

17 Jourdain: Code de compétence, 1797, S. 2.

18 Ebd.

19 Guyot: Traité de droits, fonctions, franchises, exemptions, prérogatives et privileges annexes en France à chaque Dignité, à chaque Office & à chaque État, soit Civil, soit Militaire, soit Ecclésiastique, Paris 1786.

Jourdains wahres Vorbild dürfte die *Encyclopédie* und ihre revolutionäre Systematisierung des Wissens gewesen sein.[20] Für sein eigenes *Dictionnaire raisonné* glaubte Jourdain nun den Schlüssel gefunden zu haben.

Jourdain begann seine Zusammenstellung mit einigen «*Principes généraux sur la Compétence*», die er aus der Verfassung collagierte.[21] Jede einzelne Kompetenz, so hielt er als erstes Prinzip der neuen Ordnung fest, musste sich auf die Verfassung und die «unveräußerliche Souveränität» der Bürger zurückführen lassen: «*Le droit de souveraineté réside essentiellement dans l'universalité des Citoyens.*»[22] Wer aufmerksam las, musste feststellen, dass die Verfassung von 1795, die Jourdain hier zitierte, den Verweis auf das Volk sorgsam getilgt hatte.[23] An seine Stelle war die Gesamtheit der durch das Zensuswahlrecht bestimmten Bürger getreten. Aus ihrer Souveränität entsprangen alle Kompetenzen: «*De cette souveraineté inaliénable émane la compétence de toutes les Autorités légalement constituées.*»[24] Das bedeutete allerdings auch, dass die Souveränität im politischen Alltag keinen Ort mehr hatte. «*Une conséquence nécessaire de ce principe général, est que nul individu, nulle réunion partielle d'hommes ne peut s'attribuer le droit ou l'exercice de la souveraineté.*»[25] Zwar beruhte Revolution auf Souveränität, aber in der legalen Ordnung der Kompetenzen konnte niemand mehr sie ausüben, am allerwenigsten die Bürger: «*Nul ne peut, sans une délégation légale, exercer aucune autorité, ni remplir aucune fonction publique.*»[26] Artikel 363 der Direktorialverfassung, deren Beratungen zweimal vom Pariser Mob gestürmt wurden, sagte es ausdrücklich: «*Les Citoyens ne peuvent exercer leurs droits politiques, que dans les Assemblées Primaires ou Communales.*» Von politischen Rechten durfte man nurmehr innerhalb der Wahlversammlungen und ihrer jeweiligen Kompetenzen Gebrauch machen.[27] Dem Prinzip gleicher Freiheit, dem «herrlichen Sonnenaufgang», den «alle denkenden Wesen mitgefeiert»,[28] folgte in der Dämmerung der Kodifizierung eine zweite Unterscheidung, die im Begriff der modernen Verfassung vorausgesetzt ist. Danach setzt das souveräne Volk durch die Verfassung eine Regierung ein, die an deren Regeln gebunden bleibt. So demokratisch und gut ihre Gründe sein mögen, kann sie über bestimmte politische Fragen nicht mehr entscheiden.[29] Demokratie besteht für die Bürgerinnen und

20 Schneider: Die Erfindung des allgemeinen Wissens, Berlin 2013, S. 53–72.

21 Jourdain: Code de compétence, 1797, S. 5–7.

22 Ebd., S. 5.

23 Israel: Revolutionary Ideas, S. 611.

24 Jourdain: Code de compétence, 1797, S. 5. Damit war das Eigentum an Ämtern ebenso abgeschafft wie jede Form der Erblichkeit: «Aucun pouvoir n'est héréditaire. Les fonctions publiques ne peuvent devenir la propriété de ceux, qui les exercent» (S. 6).

25 Jourdain: Code de compétence, 1797, S. 5–6.

26 Ebd., S. 6.

27 Ebd., S. 7. Zur Verfassungsgebung siehe Israel: Revolutionary Ideas, S. 608–615.

28 Hegel: Vorlesungen über die Philosophie der Geschichte, Werke Bd. 12, Frankfurt/M. 1970, S. 529.

29 Tuck: The Sleeping Sovereign, Cambridge 2016.

Bürger seit dieser Arbeitsteilung in Wahlen, Zeitungslektüre und Stammtischreden – Politik in einem Beruf.

III.

Viel ist über Jourdains politisches Wirken nicht bekannt. Er hielt Vorträge über die Nützlichkeit des jüngst eingeführten metrischen Systems, stimmte gegen die Verstaatlichung der Theater, kritisierte das neue Hypothekenregime und die Benachteiligung der Gläubiger bei der Konfiskation des Emigrantenvermögens.[30] Er bekämpfte die Neojakobiner des *parti du Manège*, verteidigte aber den alten Revolutionär Barère, der im Wohlfahrtsausschuss gemeinsam mit Robespierre den Terror organisiert hatte, bevor er seinen Sturz betrieb. Vermutlich gehörte Jourdain zu den liberalen Republikanern der ersten Stunde, die im Direktorium eine letzte Chance sahen, die sich nie verwirklichte. Die Vorrede des *Code* enthielt mit ihrer ostentativen Referenz auf die «*concitoyens*» und der Eloge auf die «Morgenröte der Revolution» ein offenes Bekenntnis. Von Sondergerichten, Exekutionen und Pressezensur schwieg der *Code* dann jedoch ebenso wie vom Belagerungszustand, den das Direktorium über immer mehr Städte verhängte.[31]

Kurz nach der Veröffentlichung geriet Jourdain während des Staatsstreichs des 18. Brumaire in die Opposition. Offenbar gehörte er zu jenen «Advocaten, Ideologen und Principienmännern», die Napoleon im Wege standen.[32] Schon am 19. Brumaire wurde Jourdain aus dem Senat entfernt. Er ging zurück nach Rennes und veröffentlichte 1801 eine alphabetische Sammlung aller in den Dekreten der Nationalversammlungen verhandelten Themen.[33] Jourdain ließ das Werk, das ohne Vorwort oder Erläuterung erschien, 1789 beginnen – und am 18. Brumaire enden. Die Zeit der öffentlichen Debatten war vorüber.

Nachdem er einige Jahre fernab der Öffentlichkeit verbracht hatte, muss er sich entschieden haben, doch noch mit dem neuen Regime zu kooperieren. 1811 veröffentlichte er, vermutlich zum Beweis seiner Loyalität, einen zweiten *Code de compétence*, der wiederum sämtliche Kompetenzen sämtlicher Funktionäre auflistete – nun allerdings des Empire statt der Republik.[34] Den Hinweis auf die «unveräußerliche Souveränität» der Bürger tilgte er.

30 Zur Kontroverse um die Theater vgl. Hillmer: Die napoleonische Theaterpolitik, Köln 1999, S. 64–69; zur Konfiskation Callaway: Revolutionizing Property: the Confiscation of Émigré Wealth in Paris and the Problem of Property in the French Revolution, PhD Thesis, Harvard 2015, S. 57–94.

31 Im Code von 1797 kam er nur an zwei versprengten Stellen vor, S. 448, 452.

32 Die er deshalb, wie Hegel: Vorlesungen über die Philosophie der Geschichte, S. 533 nicht ohne Zufriedenheit vermerkt, «auseinanderjagte».

33 Jourdain: Table générale alphabétique des matieres contenues dans les decréts rendus par les Assemblées Nationales de France, depuis 1789 jusqu'au 18 Brumaire an 8, Paris 1801.

34 Jourdain: Code de la compétence des autorités constituèes del'Empire français; ou Collection des dispositions constitutionnelles, législatives, administratives et judicaires en ce qui concerne les attributions de l'Empereur des Français, des autorités administratives, judiciaires, civiles, militaires, et de tous les fonctionnaires de l'Empire, 3 Bde., Paris 1811.

Hatte der erste *Code* noch mit den Kompetenzen der Wahlversammlungen und des *Corps legislatif* begonnen, traten im neuen *Code* die Kompetenzen des *Empereur* an ihre Stelle. Es folgten die kaiserliche Familie und die Regelung der Regentschaft, dann die Ministerien. Die Gesetzgebung musste sich bis Kapitel zehn gedulden. Von den «allgemeinen Prinzipien» blieb, dass öffentliche Gewalt nur durch Kompetenzen ausgeübt werden konnte, die auf einer legalen Delegation beruhen mussten («*une délégation constitutionnelle ou légale*»).[35]

Jourdains Vorwort klang gedrückt.[36] Das Antlitz Frankreichs habe sich von Grund auf verändert, ließ er seine Leser wissen. Die Institutionen glichen in nichts mehr jenen der Republik. Der *Code* sei darum keine Neuauflage, sondern eigentlich ein selbständiges Werk, mühsam exzerpiert aus «mehr als 100 Bänden» Gerichtsentscheidungen und Gesetzessammlungen. Nur die Gliederung nach Kompetenzen blieb. Indem er die Form seiner Darstellung rettete, wurde er zum traurigen Chronisten des Legalen, der sich öffentlich das Nachdenken verbot: «*Je me suis sévèrement interdit toute réflexion, toute dissertation, toute opinion personnelle sur les questions, souvent très-importantes, qui naissent du silence ou de l'imperfection des lois.*» Nur kurz rief er aus, wie viel leichter es gewesen wäre, hätte er einen *Code* schreiben dürfen über das, was sein soll, statt über das, was war![37]

War Jourdain ein Kollaborateur? Der zweiten Auflage stellte er, in allen drei Bänden, damit niemand es übersah, den lateinischen Halbvers «*rudis indigestaque moles*» aus den *Metamorphosen* des Ovid voran – eine Anspielung auf die «rohe und ungeordnete Masse» des Chaos, das vor der ordnenden Weltschöpfung herrschte.[38] Auf den ersten Blick mochte das als Referenz an die Ordnungsleistung des Empire und wohl auch seines eigenen Kompendiums aufgefasst werden. Jourdain allerdings schrieb den Vers nicht Ovid, sondern Vergil zu. Vielleicht hatte sich der «Homme de Loi» im Kleingedruckten seiner Antikenkenntnis schlicht vertan. Oder sollte die scheinbare Verwechslung des Exilanten mit dem augusteischen Staatsdichter dem Leser einen Fingerzeig geben *(Abb. 1)*?

35 Jourdain: Code de la compétence, Bd. 1, 1811, S. 1. Nur der Kaiser konnte sie vererben: «Aucun pouvoir, le titre d'Empereur excepté, n'est héréditaire en France».

36 Jourdain: Code de la compétence, Bd. 1, 1811, S. v–vi.

37 Ebd., S. v.

38 Übersetzung des Verses von Michael von Albrecht.

Abb. 1
Vergil und die «Metamorphosen» des Yves-Claude Jourdain. Codex mit einem Porträt des Dichters Vergil. Die 19 erhaltenen Miniaturen in der illuminierten Handschrift «Vergilius Romanus» aus dem 5./6. Jahrhundert gehören zu den Hauptwerken der spätantiken Buchmalerei.

IV.

Mit dieser Neuauflage endete der Versuch, die Verfassung des nicht mehr revolutionären Frankreichs durch eine Auflistung von Kompetenzen zu beschreiben. Das Buch erlebte keine weitere Auflage. Jourdain starb 1828 mit 78 Jahren. Gewiss, der *Code* war nützlich. Das blieb auch in Deutschland nicht unbemerkt. Jourdain habe «mit eißernem Fleiße eines der vorzüglichsten Werke über das französische öffentliche Recht» seiner Zeit «zu Tage gefördert», befand Karl Ignaz Wedekind, Großherzoglich Badischer Geheimer Hofrath, als er den «Geist der Zeit in einer pragmatischen Darstellung der merkwürdigsten Ereignisse in der physischen, moralischen, literarischen und politischen Welt» festhalten wollte.[39] Die Fachwelt war weniger angetan. «Eine Art Compendium über die französischen Gesetze» fand man im *Code*, «sofern sie sich auf die Competenz beziehen, in eine syste-

39 Wedekind: Geist der Zeit, Freyburg 1814, S. 344.

matische Ordnung gebracht», hilfreich zwar, weil «Bey jedem Satze [...] das Gesetz, woraus er geschöpft wird, nachgewiesen» werde.[40] Allein «selbst für Frankreich, dürften diese Materialien und Beyträge noch bei weitem nicht hinreichend seyn, um das Verhältnis zwischen Verwaltung Rechts-Pflege von allen Seiten aufzuklären».[41] Jourdain hatte vergessen zu behandeln, was die deutschen Juristen am meisten interessierte, den Competenz-Conflict, der bestimmte, ob sich die nun großflächig entstehenden modernen Verwaltungen gerichtlicher Kontrolle entziehen konnten. «Außer den Competenzbestimmungen des Staatsraths und der Präfecturräthe» waren im *Code* dazu «leider keine weiteren Auseinandersetzungen enthalten».[42]

Über Arcana wollte Jourdain nicht sprechen. Sein *Code* hatte die autoritär republikanische Regierung des Direktoriums beschrieben, ebenso wie das autoritäre Regime Napoleons. Die erste wollte er populär machen, für das zweite wurde er zitiert. Die Vorworte und ihre Stimmung wechselten, die Kompetenzen blieben. Aus der Logik der Revolution entstanden, war ihre Form so abstrakt, dass sie jede Verfassung beschreiben konnten. Jourdains Vorhaben einer Katalogisierung aller Kompetenzen fand keinen unmittelbaren Nachahmer – weder im Frankreich der bourbonischen Restauration noch in den weiteren Republiken des 19. Jahrhunderts. Erst in der zweiten Hälfte des 19. Jahrhunderts begann die Form der Kompetenzen deutsche Liberale zu beschäftigen, ohne dass sie allerdings von Jourdain und seinem *Code* wussten. Seitdem gehören die Richtlinienkompetenz, die Kompetenz-Kompetenz und der Kompetenzkatalog zur deutschen politischen Imagination.[43]

In Frankreich wurde *compétence* zu einem etablierten Fachbegriff des Verwaltungsrechts, mit dem sich Gerichte und Verwaltungsbehörden organisieren und die Einhaltung ihrer Zuständigkeiten gerichtlich überprüfen ließ. So nützlich der Begriff für die weitere Karriere seines Autors gewesen sein mochte – 1811 wurde Jourdain Kammervorsitzender am kaiserlichen Gericht, im folgenden Jahr wieder Mitglied des Senats[44] –, so wenig theoretische Bedeutung maßen ihm offenbar Publikum, Wissenschaft und politische Öffentlichkeit bei. Jourdains *Code de compétence* blieb folgenlos. Das war kaum verwunderlich: Am Ende

40 Seidensticker: Kritische Literatur des gesammten napoleonischen Rechts, besonders in Frankreich und Deutschland, verbunden mit einer encyclopädischen Darstellung dieses Rechts, seinen Grundsätzen und seinem Hauptzusammenhange nach, Bd. 1, Tübingen 1811, S. 239–240.

41 Kulenkamp: Beyträge zu der Lehre von dem Verhältnisse der Rechts-Pflege zur Verwaltung nach der Verfassung Frankreichs und Westphalens, Göttingen 1813, S. IV.

42 Lehzen: Ausführliches System des französischen Civilprocesses. Mit einer Vorrede und Abhandlung über den Conflict der Attribute von Dr. Spangenberg, Hamburg 1812, S. LX.

43 Dazu Neumeier: Kompetenzen. Zur Entstehung des deutschen öffentlichen Rechts, Tübingen 2022.

44 Maillet: Origine de la bibliothèque de Rennes, wiederum mit einem abweichenden Datum, wonach Jourdain erst 1816 Mitglied des kaiserlichen Gerichtshofs wurde.

45 Kulenkamp: Beyträge, S. IV.

enthielt der *Code* nichts als eine Auflistung von Zuständigkeiten. Wer den «reichen Schatz hierher gehöriger Materialien» durchsah, mochte Interessantes darin entdecken.[45] Das Verfassungsrecht des postrevolutionären Frankreichs verstehen ließ sich so nicht. So evident es war, dass politische Herrschaft arbeitsteilig von verschiedenen Institutionen in einer durch die Verfassung bestimmten Form ausgeübt wurde, so wenig folgte daraus, dass sich aus einer minutiösen Aufzählung einzelner Kompetenzen eine adäquate Beschreibung der politischen Wirklichkeit oder auch nur sinnvolle Theorie des öffentlichen Rechts ergab. Von der Revolution blieb in den Kompetenzkatalogen des Yves-Claude Jourdain nichts als die Maske ihrer Verrechtlichung.

Bildnachweis: Abb. 1: mauritius images/The Picture Art Collection/Alamy/Alamy Stock Photos.

Charlotte Johann

Rechtsdruck in Preußen

Schornsteine waren zu Beginn des 19. Jahrhunderts eine kostspielige Angelegenheit in der Oberlausitz. Seit der Frühen Neuzeit gab es hier die Rauchsteuer. 23 Reichsthaler, 27 Silbergroschen und 7 Pfennige trieb das gutsherrliche Klosterstift zu «L.» für jeden einzelnen Rauchfang des Ortes Wünschendorf (heute Srbská) in den Jahren 1802 bis 1839 ein. Die Forderung entpuppte sich allerdings als überhöht. Das Stift lieferte nur einen Teil an die Landessteuerkasse ab und strich den beträchtlichen Rest ein. Doch die Klage des Bauern «M.» auf Rückzahlung des überschüssigen Betrags wurde vom Revisionsgericht in Glogau (heute Głogów) abgewiesen. Denn es gelte ein spezielles, allein in der Oberlausitz nachweisbares Gewohnheitsrecht, demnach Gutsherren Steuerüberschüsse in die eigene Kasse abführen durften. Ein solches Provinzialrecht hielt wiederum «M.» für frei erfunden. Preußens höchster Gerichtshof, der sich des Falls 1851 annahm, stand vor einem Dilemma. Wie war zu ermitteln, was in Wünschendorf als provinzialrechtliche Norm galt? Und überhaupt: Wie ging man mit ungeschriebenen Rechtsregeln um?[1]

Das Problem stellte sich durchaus nicht nur in der Oberlausitz. Bis zur deutschen Reichsgründung 1871 war die Landkarte des Staates Preußen ein löchriges Stückwerk aus Gebietsfetzen verschiedenster Größe, die das Königreich über mehrere Jahrhunderte teils auf diplomatischem, teils auf kriegerischem Wege erworben hatte. Die meisten dieser Territorien behielten auch unter der Hoheit der Hohenzollern zumindest in Teilen ihr bestehendes Recht, sodass das preußische Justizwesen mit einem eigentümlichen Sammelsurium von lokalen und regionalen Rechten arbeitete. Darunter befanden sich geschriebene Verordnungen und Verträge vergangener Zeiten, die für die Rechtspraxis relevant geblieben waren. Im Fall der Wünschendorfer Rauchsteuerüberschüsse zum Beispiel förderte das verklagte Klosterstift aus den Tiefenschichten der oberlausitzischen Rechtslage einen Vertrag zwischen den Landständen und dem böhmischen König aus dem Jahr 1534 zu Tage, einen Bericht der Stände an die schwedische Krone von 1706 und ein Dekret des Königs August von Polen von 1717.

Wie aber sollte die akribische Fülle des Kleingedruckten die

1 Archiv für Rechtsfälle aus der Praxis der Rechtsanwälte des Königlichen Ober-Tribunals: hrsg. v. d. Obertribunals-Rechtsanwälten, Berlin 1851, S. 316 ff.

Berufung auf ein Gewohnheitsrecht untermauern? Selbst geschriebenes Recht war mitunter in mehreren Varianten im Umlauf, deren jeweiliger Geltungsbereich schwer einzugrenzen war. Im Bistum Ermland, das Preußen mit der ersten polnischen Teilung 1772 annektierte, galt in manchen Städten altes kulmisches Recht, basierend auf einer Rechtsquelle aus dem späten 14. Jahrhundert, während andere eine überarbeitete Form, das *Jus Culmense correctum,* praktizierten und wieder andere sich an eine weitere Neufassung, das *Jus Culmense revisum*, hielten.[2] Diese feinen Unterschiede im Geschriebenen waren aber noch nichts gegen die Fülle der ungeschriebenen Rechte. Anders als dem in der Wissenschaft vorherrschenden Römischen Recht waren den Provinzialrechten abstrakte Begriffe größtenteils fremd. Sie verbanden maximale Vielfalt mit einer Detailliebe, die alle Paragraphenexzesse der verwalteten Welt in den Schatten stellen. Gleichzeitig konzentrierten sie sich am stärksten in Rechtsgebieten, die besonders direkt in die bürgerlichen Verhältnisse eingriffen, nämlich dem Erb- und Familienrecht. Im brandenburgischen Beelitz erbte unter Verheirateten der oder die Hinterbliebene automatisch das Ehebett. Im nahe gelegenen Gransee gab es zum Bett noch das beste Kleid. In Bernau bekam man ein «aufgemachtes» Bett und Kleidung exklusive Schmuck, wobei Kinder bei Kleidung Vorrang hatten. Wriezen und Neustadt-Eberswalde legten noch einen Krug, einen Tisch, ein Handtuch und einen Fischkessel von 2–4 Pfund drauf (Fontane berichtet, dass dank des Fischhandels im Oderbruch der Fischkessel das wichtigste Stück der Hausausstattung war).[3]

Kein Wunder, dass die Provinzialrechte die Geduld der ordnungsliebenden (und ausschließlich männlichen) preußischen Staatsbeamten auf eine harte Probe stellten. Sie bildeten einen Knoten, in dem sich eine wirre Menge an rechtlichen Strängen ohne erkennbaren Anfang oder Ende ineinanderschlangen. «Die Masse der bis in's Kleinste, oft Kleinlichste gehenden Bestimmungen», klagte Regierungsrat Albert Schulz im Jahr 1830, «schwoll unter den Händen zu einem Ungeheuren an; das, was local, provinziell, statutarisch war, war oft nicht von einander zu unterscheiden, oder verlor sich in ein nicht aufzuhellendes Dunkel.»[4] Dabei schien die Lösung so einfach, zumindest in den

2 Albert Schulz: Über den Werth von Provinzialgesetzen mit besonderer Beziehung auf Preussen: ein Wort zur Feier des Dritten Augustes 1830, Quedlingburg/Leipzig 1830, S. 21.

3 Karl Christoph Albert Heinrich von Kamptz: Die Provinzial- und statutarischen Rechte in der Preußischen Monarchie (3 Bde., Berlin, 1826), S. 38–42. Thedor Fontane: Wanderungen durch die Mark Brandenburg, Bd. 2: Das Oderland, Berlin 1863, S. 194.

4 Schulz: Über den Werth von Provinzialgesetzen mit besonderer Beziehung auf Preussen, S. 15.

Augen einer tonangebenden Fraktion in der preußischen Rechtspolitik: Die Druckerpressen der staatlichen Gesetzgebung sollten Licht ins juristische Dunkel bringen. Seit dem späten 18. Jahrhundert gab es immer wieder Versuche, die Provinzialrechte gesammelt und geordnet als Gesetzbuch zusammenzufassen. Den ersten Anlauf nahmen Rechtsreformer unter Friedrich dem Großen, der die großflächige Kodifikation in Preußen geltender Rechte anordnete. Und tatsächlich trat das «Allgemeine Landrecht für die Preußischen Staaten» auch 1794 in Kraft. Aber an den Provinzialrechten, die parallel dazu kodifiziert werden sollten, scheiterten die Bemühungen. Sie erschienen in nur einer Provinz, nämlich Ostpreußen. In den Wirren der Napoleonischen Kriege verlief das Projekt im Sand. In den 1820er Jahren flackerte die Idee wieder auf und profitierte von der Gründung eines ganzen Ministeriums, das sich ausschließlich der Rechtsreform (auf Preußisch «Gesetzrevision») widmete. Die «durch unglückliche Ereignisse» unterbrochene Arbeit zur «Sicherstellung» der Provinzialrechte, schrieb der zuständige Minister Karl Albert von Kamptz, sollte dem preußischen Volk nun endlich ein «klares, festes Recht» gewährleisten. Zu «schwankend und erschüttert» sei der gegenwärtige provinzielle Rechtszustand, um das allgemeine Bedürfnis nach Rechtssicherheit zu erfüllen.[5]

Aber war es überhaupt möglich, das unerschöpfliche Klein-Klein der provinziellen Überlieferungen in das feste Regelwerk eines staatlichen Gesetzbuchs zu überführen? In der deutschen Rechtsgeschichte ist der Kodifikationsstreit ein Gründungsmythos. Jener große Gelehrtenstreit über Nutzen und Nachteil eines allgemeinen Gesetzbuchs beschäftigte nach dem Ende der Napoleonischen Kriege die großen Geister der Rechtslehre, von Hegel bis Feuerbach. Der Heidelberger Ordinarius Anton Justus Thibaut hatte die Debatte 1814 mit einem Plädoyer für ein Gesetzbuch losgetreten und dabei ähnlich argumentiert wie die preußischen Provinzialgesetzsammler. Das deutsche Recht, monierte er, sei ein «endloser Wust einander widerstreitender, vernichtender, buntscheckiger Bestimmungen», ein «endloses Rechtsgewirr» aus «wuchernden Ortsgebräuchen und Gewohnheiten».[6] Wie Kamptz glaubte auch Thibaut, dass unter diesen Umständen nur die geordnete Zusammenfassung des Rechts zu einer einzi-

5 Karl Christoph Albert Heinrich von Kamptz: Aktenmäßige Darstellung der preußischen Gesetz-Revision, Berlin 1842, S. 9 f.

6 Anton Friedrich Justus Thibaut: Ueber die Nothwendigkeit eines allgemeinen bürgerlichen Rechts für Deutschland, Heidelberg, 1814, S. 14 f., 56.

gen Rechtsquelle Klarheit und Gewissheit schaffen könnte. Der kürzlich nach Berlin berufene Friedrich Carl von Savigny war skeptisch. Ein neues Gesetzbuch werde das Chaos eher noch vergrößern. Er attestierte dem Vorhaben wenig Chancen, sich in allen deutschen Staaten gegenüber dem bestehenden Recht durchzusetzen. Und selbst wenn, bedeute der abrupte Wechsel des Rechtszustands eher eine Gefahr als ein Gewinn für die Rechtssicherheit.[7]

7 Friedrich Carl von Savigny: Vom Beruf unserer Zeit für Gesetzgebung und Rechtswissenschaft, Heidelberg 1814, insb. S. 135–154.

Die mit der nationalen Frage aufgeladene Kontroverse begründete Savignys Ruf als Oberhaupt der Historischen Schule und Übervater der deutschen Rechtswissenschaft. Aber Savigny befasste sich nicht nur in theoretischer Sicht mit der Kodifikationsfrage. Als Berater der preußischen Regierung und später als Minister für Gesetzrevision war er nicht weniger als der oberste Nachlassverwalter der preußischen Provinzialrechte. Der Kodifikationsstreit war deshalb nicht nur jener Kampf der großen Ideen. Die Schwierigkeiten einer Gesetzsammlung erwiesen sich als höchst konkret. Die schiere Menge an Material, das es zu sichten, ordnen und prüfen galt, stellte sich selbst für die notorisch aktenpflegefreudige preußische Bürokratie als Herausforderung heraus. Die Sammlung der Rechte nahmen die höheren Gerichte der einzelnen Provinzen vor, deren Ergebnisse vom Ministerium in Berlin zu Entwürfen ausgearbeitet und den ständischen Versammlungen der Provinzen zur Begutachtung vorgelegt wurden. Nicht nur im Fall der Wünschendorfer Rauchsteuer waren Existenz und Geltungsbereich einzelner Rechte mitunter umstritten, oder die Sammlung erwies sich als lückenhaft. Angesichts der Aktenberge, die ein anhaltender Strom von Korrekturen und Überarbeitungen aufgetürmt hatte, erklärte sich der Westfälische Landtag 1841 außer Stande, die Arbeit an seinem Gesetzbuch wie verlangt abzuschließen. Die «nähere Untersuchung, ob die revidirten, mehrfach umgearbeiteten Entwürfe wirklich alles enthalten, was noch fernerhin als gültiges Provinzial-Recht anzusehen sei» erfordere «eine umfassende und langwierige Prüfung der umfangreichen Vorarbeiten und Materialien». In Westfalen wie in den übrigen Provinzen, mit der Ausnahme Westpreußens, kam diese Sisyphusarbeit nie zur Vollendung. Bis zur Einführung des Bürgerlichen Gesetzbuchs

1900 waren und blieben die preußischen Provinzialrechte, wie Albert Schulz es metaphernstark ausdrückte, die «Klippe, an welcher die gleichmässigen Wogen der allgemeinen Gesetzgebung sich brechen». Savigny hielt an seiner Skepsis gegenüber der Druckerpresse als Allheilmittel für die Mängel des Rechtssystems fest. «Codification ist es, woraus jene Uebel großentheils entsprungen sind», bekräftigte er 1842 in Bezug auf die preußische Gesetzrevision.[8]

Damit stehen die Aktenleichen des gescheiterten Kodifikationsprojekts mit ihren tausenden an Berichten, Entwürfen, Gutachten und Protokollen für die Verunsicherung der großen, in Preußen mit so vielen Erwartungen rezipierten aufklärerischen Hoffnung, dass Verschriftlichung Transparenz und damit Gewissheit und gesellschaftliches Vertrauen schafft. Die Provinzialrechtskodifikationen drohten die Rechtslage eher unverständlicher als klarer zu machen. Schwarz auf weiß bezeugten sie, dass die von preußischen Staatsbeamten angestrebte Rechtsordnung mit Druck allein nicht herzustellen war. Erst Jahrzehnte später erfolgte der Sprung in die Abstraktionen des BGB – bevor auch dieses im Zeitalter der AGBs und *terms & conditions* von den Fallstricken und Hintertüren des Kleingedruckten eingeholt werden sollte.

Im Fall der Wünschendorfer Rauchsteuer erging das Urteil übrigens zu Gunsten des Bauern «M.» Nach ausgiebigster Prüfung aller nur möglichen schriftlichen Belege für eine ungeschriebene Rechtsregel entschied das Preußische Obertribunal, dass es sich bei dem Anspruch des Gutsherrn auf die Steuerüberschüsse in der Tat um ein Phantomrecht handelte.

8 Friedrich Carl von Savigny: Vorschläge zur zweckmäßigen Einrichtung der Gesetzrevision, in: Adolf Stölzel (Hrsg.): Brandenburg-Preußens Rechtsverwaltung und Rechtsverfassung, 2, Berlin 1888, S. 736.

Philip Manow

«8. Bummelstreik (streng nach Dienstvorschrift)»

Wer sich des polemischen Potenzials eines jeden Begriffes bewusst ist, wer in den Begriffen ihre nicht ausgesprochenen, aber eigentlich gemeinten Gegenbegriffe zu erkennen gelernt hat, wer von der Gefährlichkeit des Wortes und der Waffe der technischen Legalität weiß und daher auch das Schweigen als eine «wesenhafte Form der Rede» schätzt,[1] der entwickelt Partisanenstrategien des esoterischen Lesens und Schreibens. Zu ihnen gehört auch die besondere Aufmerksamkeit, die den Para-Texten, den Widmungen,[2] Vorwörtern, Corollarien, Glossen, Fußnoten, Motti und Sachregistern entgegengebracht wird – dem Kleingedruckten, dem Nachgestellten und dem Randbemerkten.

Carl Schmitt veröffentlichte 1958 bei Duncker & Humblot *Verfassungsrechtliche Aufsätze* aus einem Zeitraum von dreißig Jahren, von 1924 bis 1954,[3] vier Jahre nach der Wiederveröffentlichung seiner Verfassungslehre von 1928 in unveränderter Form. Die Möglichkeit ihrer Aktualisierung für die neue Verfassungswirklichkeit der jungen Bundesrepublik hatte er verworfen.[4] In jener Aufsatzsammlung hingegen finden sich in Form mal knapper, mal längerer Selbstkommentierungen und thematischer Einordnungen jedem der einundzwanzig Aufsätze mit kleinerer Schrifttype angefügte «Bemerkungen», die «dem Leser informatorische Hinweise geben und einen Durchblick durch die Fülle der schwierigen Fälle erleichtern» sollen.[5] Auch wenn Schmitt im Vorwort ankündigte, auf die «Kontroversen des Bonner Grundgesetzes» nicht eingehen zu wollen oder zu können, bieten die Anmerkungen und das Sachregister doch insgesamt eine Aktualisierung seiner Verfassungslehre im Kleindruck.

Die vergangene Zukunft der Weimarer Jahre verdichtet sich in diesen kleinen Texten zu einem diskreten Kommentar auf die neue Lage der Bundesrepublik.

Ernst-Wolfgang Böckenförde, der Schmitt wiederholt zu einer überarbeiteten Neuauflage seiner *Verfassungslehre* hatte motivieren wollen und nun auch die Veröffentlichung der verfassungsrechtlichen Aufsätze wohlwollend beförderte, hatte soeben seine Münsteraner Dissertation über *Gesetz und gesetzgebende Gewalt* veröffentlicht und seinem Mentor ein Belegexemplar zugesandt.[6] «Ihr Buch», antwortete Schmitt sogleich, «habe ich gestern morgen erhalten und seitdem viele Stunden lang nach allen Richtun-

1 Florian Meinel: Die «Gegenkraft des Schweigens». Carl Schmitts Politik der Stille, in: Vivian Liska (Hrsg.): Grenzen der Sprachlosigkeit, Göttingen 2022 (i.E.); Dirk van Laak: Gespräche in der Sicherheit des Schweigens. Carl Schmitt in der politischen Geistesgeschichte der frühen Bundesrepublik, Berlin 2002.

2 Martin Tielke: Geniale Menschenfängerei. Carl Schmitt als Widmungsautor, Carl Schmitt Opuscula, in: Plettenberger Miniaturen 13 (2020).

3 Carl Schmitt: Verfassungsrechtliche Aufsätze, Berlin 1958.

4 Carl Schmitt: Verfassungslehre, Berlin 1928.

5 Schmitt: Verfassungsrechtliche Aufsätze, S. 8.

6 Ernst-Wolfgang Böckenförde: Gesetz und gesetzgebende Gewalt. Von den Anfängen der deutschen Staatsrechtslehre bis zur Höhe des staatsrechtlichen Positivismus, Berlin 1958.

gen hin gelesen, unter Verwendung des Sachregisters, das sich hervorragend bewährt»,[7] und wenig später in einem weiteren Brief: «Ihr Sachregister lerne ich bei der Anfertigung des Sachregisters für mein Buch immer mehr zu schätzen.»[8] In einer Widmung formulierte Schmitt später folgende Gebrauchsanweisung für die Aufsatzsammlung:

> «Hinweis für etwaige Benutzer dieses Buches: / Das Sachregister hat es in sich. / Allhier liegt viel Gold vergraben, / wer es findet, der soll es haben»[9]

Und wirklich läuft das den *Verfassungsrechtliche Aufsätze* nachgestellte Sachregister Schmitts teilweise zu einer eigenen, geradezu schalkhaften Prosaform auf. Wie etwa kann ein Eintrag zu «Legitimität» fehlen, obwohl die bald neunzigseitige, im Korridor des Preußenschlages verfertigte Schrift von 1932 über *Legalität und Legitimität* ein Zentrum der Sammlung ist? Die feinziselierten Registereinträge, in denen er «Legalität» von «Legalität, höhere L.» unterscheidet, verraten es. Den Eintrag «Legalität» nämlich nutzt Schmitt, unter großzügiger Absehung von jeglicher alphabetischen oder seitenchronologischen Systematik, zu einem kleinen Grabmal für Max Weber,[10] das eine ganze historische Entwicklung polemisch zuspitzt – vom «Rationalismus» bis zur «Gangsterparole» – und sich wie ein boshafter Eintrag in seinem Denktagebuch *Glossarium* liest:

> «Legalität 7, 28, 269 f., 549/50, 440 f.
> – ein Stück occidentalen Rationalismus 549
> – ursprünglich die höchste, weil die rationale Form der Legitimität 270 f.
> – beginnt als Botschaft der Göttin der Vernunft 349
> – als Herrschaft des Gesetzes gegen die Autorität des Vaters 449
> – wird Gegenbegriff gegen die traditionale und charismatische Legitimität 397
> – gerät im 19. Jahrhundert in die Krisis der gesetzstaatlichen Legalität 397
> – endet im 20. Jahrhundert als Gangsterparole bei Bert Brecht 430»

7 Schmitt an Böckenförde, Plettenberg, 24. Januar 1958, in: Reinhard Mehring (Hrsg.): «Welch gütiges Schicksal». Ernst Wolfgang Böckenförde/ Carl Schmitt: Briefwechsel 1953–1984, Baden-Baden 2022, S. 140.

8 Schmitt an Böckenförde, Brief vom 23. Februar 1958, in: Briefwechsel, S. 148.

9 Vgl. Tielke: Geniale Menschenfängerei, S. 8.

10 Vgl. Philip Manow: Nehmen, Teilen, Weiden. Carl Schmitts Politische Ökonomien, Göttingen 2022, insb. Kapitel 2.

Der scheinbar neutrale Raum eines Sachregisters ist für Schmitt der esoterische Ort der Wahrheit, die er erst Jahre später und fast beiläufig in der *Theorie des Partisanen* als das Neue der Nachkriegszeit herausstellen wird: Das Ausspielen von Legalität und Legitimität hat sich überlebt.[11]

Doch warum ist das so? Es scheint als habe Schmitt selbst in der Annotation der Sammlung seiner starken politischen Thesen von der Machtergreifung der indirekten Gewalten, von der Auflösung des Staates in eine verbandspluralistische Gesellschaft und von der unvermeidlichen Personalisierung der Macht für Weimar und für die Bundesrepublik etwas Wichtiges übersehen, und zwar ausgerechnet das institutionell «Kleingedruckte» des Politischen. Der Politikwissenschaftler Wilhelm Hennis zitiert drei Jahre später in Fußnote 14 seines Aufsatzes «Verfassungsordnung und Verbandseinfluss» Schmitts Schrift über den *Zugang zum Machthaber*, ebenfalls aufgenommen in die verfassungsrechtliche Aufsatzsammlung, als lediglich wichtig für das Verständnis der «historischen Bedeutung» des Immediatvortrags bei der entscheidenden Stelle.[12]

Zu Recht verweist er auf einen anderen für die bundesdeutsche Verfassungsordnung doch zunächst ganz unscheinbaren Text, die «Gemeinsame Geschäftsordnung der Bundesministerien». Es ist der nur Insidern vertraute Schaltplan des deutschen korporatistischen Exekutivföderalismus, der die entsprechenden Bestimmungen der GGO der Reichsministerien von 1926 nahezu identisch übernommen hat.[13] Dort, in § 23 GGO II, findet eine andere politische Geometrie des «Zugangs zur Macht» ihren Ausdruck. Ihr Geheimnis besteht nicht darin, dass die Vorräume der Macht selbst im Laufe der Zeit zu Räumen der Macht werden, sondern in einer viel größeren Anordnung des politischen Raums: Die Macht über die Ausgestaltung «der Vorlassung» kann selber den gesellschaftlichen Bereich indirekter Gewalten kräftig und nachhaltig ordnen. «Alle Spekulationen über Legitimität und Illegitimität des Verbandseinflusses kreisen um die Art und Weise der Vorlassung: geht der Weg über die Hintertreppe oder gibt es hier einen gerade offenen Zugang?»[14] Viel entscheidender ist aber doch, *wer* überhaupt vorgelassen wird. Die Hierarchisierung und Zentralisierung des deutschen Verbandswesens, die staatliche

11 Carl Schmitt: Theorie des Partisanen: Zwischenbemerkung zum Begriff des Politischen, Berlin 1963, S. 85.

12 Wilhelm Hennis: Verfassungsordnung und Verbandseinfluß. Bemerkungen zu ihrem Zusammenhang im politischen System der Bundesrepublik, in: Politische Vierteljahresschrift 2 (1961), 27, Fn. 14.

13 Arnold Brecht: Die Geschäftsordnung der Reichsministerien: ihre staatsrechtliche und geschäftstechnische Bedeutung; zugleich ein Lehrbuch der Büroreform, Berlin 1927.

14 Hennis: Verfassungsordnung und Verbandseinfluß, S. 27.

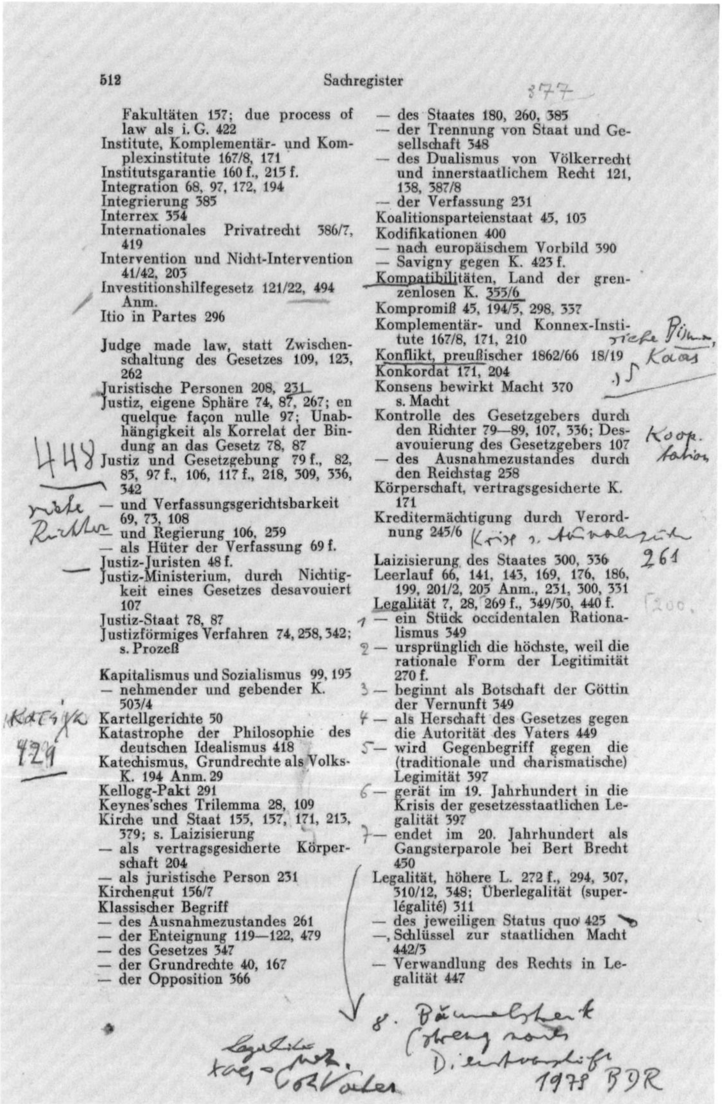

512 Sachregister

Fakultäten 157; due process of law als i. G. 422
Institute, Komplementär- und Komplexinstitute 167/8, 171
Institutsgarantie 160 f., 215 f.
Integration 68, 97, 172, 194
Integrierung 385
Interrex 354
Internationales Privatrecht 386/7, 419
Intervention und Nicht-Intervention 41/42, 203
Investitionshilfegesetz 121/22, 494 Anm.
Itio in Partes 296

Judge made law, statt Zwischenschaltung des Gesetzes 109, 123, 262
Juristische Personen 208, 231
Justiz, eigene Sphäre 74, 87, 267; en quelque façon nulle 97; Unabhängigkeit als Korrelat der Bindung an das Gesetz 78, 87
Justiz und Gesetzgebung 79 f., 82, 85, 97 f., 106, 117 f., 218, 309, 336, 342
— und Verfassungsgerichtsbarkeit 69, 73, 108
— und Regierung 106, 259
— als Hüter der Verfassung 69 f.
Justiz-Juristen 48 f.
Justiz-Ministerium, durch Nichtigkeit eines Gesetzes desavouiert 107
Justiz-Staat 78, 87
Justizförmiges Verfahren 74, 258, 342; s. Prozeß

Kapitalismus und Sozialismus 99, 195
— nehmender und gebender K. 503/4
Kartellgerichte 50
Katastrophe der Philosophie des deutschen Idealismus 418
Katechismus, Grundrechte als Volks-K. 194 Anm. 29
Kellogg-Pakt 291
Keynes'sches Trilemma 28, 109
Kirche und Staat 133, 157, 171, 213, 379; s. Laizisierung
— als vertragsgesicherte Körperschaft 204
— als juristische Person 231
Kirchengut 156/7
Klassischer Begriff
— des Ausnahmezustandes 261
— der Enteignung 119—122, 479
— des Gesetzes 347
— der Grundrechte 40, 167
— der Opposition 366
— des Staates 180, 260, 385
— der Trennung von Staat und Gesellschaft 348
— des Dualismus von Völkerrecht und innerstaatlichem Recht 121, 138, 387/8
— der Verfassung 231
Koalitionsparteienstaat 45, 103
Kodifikationen 400
— nach europäischem Vorbild 390
— Savigny gegen K. 423 f.
Kompatibilitäten, Land der grenzenlosen K. 355/6
Kompromiß 45, 194/5, 298, 337
Komplementär- und Konnex-Institute 167/8, 171, 210
Konflikt, preußischer 1862/66 18/19
Konkordat 171, 204
Konsens bewirkt Macht 370 s. Macht
Kontrolle des Gesetzgebers durch den Richter 79—89, 107, 336; Desavouierung des Gesetzgebers 107
— des Ausnahmezustandes durch den Reichstag 258
Körperschaft, vertragsgesicherte K. 171
Kreditermächtigung durch Verordnung 245/6

Laizisierung des Staates 300, 336
Leerlauf 66, 141, 143, 169, 176, 186, 199, 201/2, 205 Anm., 231, 300, 331
Legalität 7, 28, 269 f., 349/50, 440 f.
— ein Stück occidentalen Rationalismus 349
— ursprünglich die höchste, weil die rationale Form der Legitimität 270 f.
— beginnt als Botschaft der Göttin der Vernunft 349
— als Herschaft des Gesetzes gegen die Autorität des Vaters 449
— wird Gegenbegriff gegen die (traditionale und charismatische) Legimität 397
— gerät im 19. Jahrhundert in die Krisis der gesetzesstaatlichen Legalität 397
— endet im 20. Jahrhundert als Gangsterparole bei Bert Brecht 450
Legalität, höhere L. 272 f., 294, 307, 310/12, 348; Überlegalität (superlégalité) 311
— des jeweiligen Status quo 425
—, Schlüssel zur staatlichen Macht 442/3
— Verwandlung des Rechts in Legalität 447

Abb. 1
Legalität ohne Legitimität. Vom «occidentalen Rationalismus» bis zum «Bummmelstreik» (handschriftliche Ergänzung). Carl Schmitt annotiert 1978 das Sachregister seiner «Verfassungsrechtlichen Aufsätze» (Berlin 1958).

Einrichtung funktionaler Repräsentationsmonopole, überhaupt die politische Ökonomie der Bundesrepublik, stehen mit dem in der GGO festgehaltenen exklusiven Recht der «Spitzenverbände» zur Anhörung im Referentenstadium von Gesetzesentwürfen im innigsten Zusammenhang. «Für die Verbände ist es von großer Bedeutung, daß dieses Verfahren beim Erlaß von Rechtsverordnungen und Allgemeinen Verwaltungsvorschriften entsprechend anzuwenden ist (§§ 62 und 74 GGO II).»[15]

In der zweiten Hälfte der 1950er kommt diese politische Ökonomie und mit ihr der bundesdeutsche Korporatismus ins Rollen: Vollbeschäftigung, hohes Wachstum, stabile Preise, das Exportmodell etabliert sich, die grundsätzlichen Weichenstellungen in Bezug auf Sozial- und Wirtschaftsordnung sind gefallen, die Einfügung in eine internationale Wirtschafts- und Politikordnung ist in den Grundzügen vollzogen.[16] Anders als Hennis war Schmitt vielleicht zu eingenommen von seinen eigenen esoterischen Textstrategien, um das exoterisch Kleingedruckte einer administrativen Gebrauchsanweisung als politische Geschäftsgrundlage für Deutschlands koordinierten Kapitalismus anzuerkennen. Am Ende stand nur ein weiteres großes «Nein» zu einer Politischen Theologie jener neuen Ökonomie, für die er aber keinen eigenen Begriff mehr hatte. Die letzte kleingedruckte Anmerkung zum letzten Text der Sammlung, dem Nachkriegstext *Nehmen/Teilen/Weiden*, zitiert Alexandre Kojèves Begriff des «gebenden Kapitalismus» und endet:

> «Damit soll gesagt sein, daß der moderne, fordistisch aufgeklärte Kapitalismus, der auf die Steigerung der Kaufkraft der Industriearbeiter und industrielle Entwicklung der industriell unterentwickelten Gebiete bedacht ist, etwas wesentlich anderes bedeutet, als der nur nehmende Kapitalismus, den Karl Marx im Auge hatte. Es wurde Kojève erwidert, daß kein Mensch geben kann, ohne irgendwie genommen zu haben. Nur ein Gott, der die Welt aus dem Nichts erschaffen hat, kann geben ohne zu nehmen, und auch er nur im Rahmen der von ihm aus dem Nichts erschaffenen Welt.»

15 Ebd., S. 29.

16 Vgl. Philip Manow: Social Protection, Capitalist Production. The Bismarckian Welfare State in the German Political Economy, 1880–2015, Oxford 2020.

17 Entscheidungen des Bundesverwaltungsgerichts (BVerwGE), Bd. 63, S. 158.

Zwanzig Jahre später – am Ende der Dekade von Ölpreisschock und Stagflation – hat der «gebende Kapitalismus» der Bundesrepublik weniger zu «teilen». In seinem Handexemplar der *Verfassungsrechtlichen Aufsätze* notiert der Neunzigjährige noch einmal dessen Sachregister *(Abb. 1)*. Der mit dem Eintrag zu «Legalität» insinuierte Abstieg des Prinzips von «occidentalen Rationalismus» bis «Gangsterparole» in immer neuen Stufen der Neutralisierung und Kriminalisierung wird nun von 1. bis 7. durchnummeriert und handschriftlich durch ein 8. ergänzt: «Bummelstreik (streng nach Dienstvorschrift 1978 BDR)». Im November 1978 hatte das Bundesverwaltungsgericht sein Urteil zum Arbeitskampf der Fluglotsen gesprochen, die als Beamte nicht streiken durften, aber durch penible Befolgung von Vorschriften die Abläufe der Verkehrsbürokratie nahezu ebenso effektiv zu blockieren wussten.[17] Nehmen / Weigern / Weiden. Implosion und Selbstsabotage, so ließe sich Eintrag «8. Bummelstreik» übersetzen, können aus der «Legalität» nie weichen, weil sie wie ein Schatten dem Politischen folgt. Nun scheint Schmitt geahnt zu haben, dass sich der Kern der bundesrepublikanischen politischen Ökonomie, die komplementäre Ordnung von Beschäftigung und sozialem Schutz, auch in der kleinkarierten Anwendung des Kleingedruckten einer Dienstvorschrift zeigen kann.

Bildnachweis: Abb. 1: Annotation in Schmitts Handexemplar. LAV NRW R RW 0265 Nr. 28282.

Sigrid Boysen

Allgemeine Geschäftsbedingungen der globalen Ungleichheit

«*The General Assembly* [...] *Solemnly proclaims* the necessity of bringing to a speedy and unconditional end colonialism in all its forms and manifestations;
And to this end *Declares* that: [...]»[1]

«Foreign investment agreements freely entered into by, or between, sovereign States shall be observed in good faith.»[2]

Dass internationales Recht Fortschritt ist, scheint kaum ein Rechtstext so deutlich zu belegen wie die berühmte Erklärung der Generalversammlung der Vereinten Nationen über die Gewährung der Unabhängigkeit an koloniale Länder und Völker vom 14. Dezember 1960 (Resolution 1514 [XV]). Internationales Recht ist die Sprache, in der die emanzipatorischen Forderungen nach Selbstbestimmung eine relevante Reichweite erlangen und das Vehikel einer gerechteren Weltordnung werden, die in Rechtsform Menschenrechte, Selbstbestimmung und Souveränität über die eigenen natürlichen Ressourcen anerkennt. Der Fortschritt der Resolution von 1960 hat dabei die Form der restlosen Verstaatlichung der Erde: Erst in diesem *grand text* des Völkerrechts war eine Welt bezeichnet, die nicht mehr nur aus europäisch-westlichen Staaten und ihren außereuropäischen Kolonien besteht, sondern in der alle Welt «staatliche Welt» ist, ein lückenloses Netz souveräner und politisch eigenständiger Territorien.

Doch das ist nur die eine Seite der globalen Raumrevolution der Nachkriegszeit, die 1945 noch einmal aufgeschoben worden war: Die Charta der Vereinten Nationen hatte die kolonialen Herrschaftsstrukturen noch verstetigt und das Mandatssystem des Völkerbundes in ihrem Kapitel XII in ein Treuhandsystem überführt. Auch die Allgemeine Erklärung der Menschenrechte von 1948 hatte den Kolonialismus diskret beschwiegen. Wie kam es nun 1960 zu diesem Wandel? Waren es nur geopolitische und strategische Überlegungen, die die Kolonialmächte im Kalten Krieg für den Prozess der Dekolonisation einnahmen, um die neuen Staaten aus Dankbarkeit in ihr Lager zu ziehen?

1 Erklärung der Generalversammlung der Vereinten Nationen über die Gewährung der Unabhängigkeit an koloniale Länder und Völker vom 14. Dezember 1960 (Resolution 1514 [XV]), Hervorhebungen im Original.

2 Resolution 1803 (XVII), A/RES/5217, Ziff. 8.

Im Gegenteil. Die Pointe der juristischen Technik der Dekolonisation durch die Verstaatlichung der Welt lag gerade darin, dass sie die Revolution vor allem für das Publikum, für die neu entstandene Weltöffentlichkeit, stattfinden ließ. Die Allgemeine Geschäftsbedingung der Emanzipation lag nämlich gerade in der universellen Form des internationalen Rechts unter dem Dach der Vereinten Nationen: Gleiche Souveränität war nur unter der Bedingung zu haben, sich als Flächenstaat europäischer Prägung zu konstituieren.[3] Das Recht auf Selbstbestimmung war nur zu haben zum Preis des Rechts auf politische Selbstdefinition. Anders gesagt: Die politische Form des rechtlichen Selbst war immer schon bestimmt. Ein zu hoher Preis?

Die Frage führt auf das Gebiet, das die Resolution mit «Reichtümern», «Ressourcen» und «Ausbeutung» nur vage anspricht, nämlich die Weltwirtschaftsordnung. Für die Wirtschaft der ehemaligen Kolonialmächte ging die Dekolonisation mit großen Risiken einher, erwies sich insbesondere als Hindernis im bis dahin florierenden Handelsverkehr mit natürlichen Ressourcen aus den ehemaligen Kolonien. Deren Unabhängigkeit und noch viel mehr die in der Folge postulierte Souveränität über die eigenen natürlichen Ressourcen störten die etablierten Routen und Geschäftsbeziehungen. Letztere unterlagen bis dahin allein dem nationalen Recht und der Kontrolle der Kolonialmächte. In den ehemaligen Kolonien ansässige transnationale Unternehmen – darunter die *Dutch* und *British East India Company* – hatten die koloniale Herrschaftspraxis von Beginn an geprägt, weil sie über die Meere die ressourcenintensive Industrieproduktion des Nordens speisten.[4] Mit der Dekolonisation standen ihre vertraglich zugesicherten Rohstoffkonzessionen und Ausbeutungsprivilegien plötzlich auf wackeligen Beinen. Jedenfalls nach der seinerzeit geltenden Rechtslage unterlagen Verträge, die zwischen einem Staat und privaten Unternehmen geschlossen wurden, grundsätzlich dem nationalen Recht dieses Staates. Sonderregelungen für ausländische Investoren sollten nach dem von Carlos Calvo in seinem «Derecho Internacional Teórico-Práctico» (1868) eingeführten Rechtsgrundsatz rechtswidrig sein. Leicht und souverän hätten die unabhängig gewordenen Staaten so auf eine gerechtere Güterverteilung bestehen können.

3 Sundhya Pahuja: Decolonising International Law: Development, Economic Growth and the Politics of Universality, Cambridge 2011, S. 55; Partha Chatterjee: The Politics of the Governed: Reflections on Popular Politics in Most of the World, New York 2004, S. 5.

4 Antony Anghie: Imperialism, Sovereignty and the Making of International Law, Cambridge 2005, S. 233.

Abb. 1
Foxtrott der Souveränität: Queen Elizabeth II. tanzt auf Staatsbesuch in Accra (Ghana) im November 1961 vor der Weltpresse mit Präsident Kwame Nkrumah. Ghana hatte 1957 die Unabhängigkeit von der britischen Krone erlangt. Diesseits des diplomatischen Parketts blieben die Allgemeinen Geschäftsbedingungen durch Konzessionsverträge zwischen Krone und ehemaliger Kolonie weitgehend bestehen.

Eine Zeitlang ließ sich die Gefahr mit altem Paternalismus bannen: Schnell fanden sich Gerichtsentscheidungen und wissenschaftliche Abhandlungen, die das Recht der jungen Staaten für zu primitiv erklärten, um den Anforderungen der in den Konzessionsverträgen geregelten komplexen ökonomischen Sachverhalte gerecht zu werden. Unter Rückgriff auf «die von den Kulturvölkern anerkannten allgemeinen Rechtsgrundsätze», die seit 1920 in den Statuten der Internationalen Gerichtshöfe als Rechtsquelle stehen, fand man die allgemeinen Geschäftsbedingungen der neuen Ordnung schnell in tradierten Konzepten der Kolonialherren: im Schutz privaten Eigentums und wohlerworbener Rechte sowie im Grundsatz der ungerechtfertigten Bereicherung.[5] Der US-amerikanische Außenminister Cordell Hull, der für seine Mitwirkung an der Gründung der Vereinten Nationen 1945 den Friedensnobelpreis erhielt, setzte der Calvo-Doktrin eine eigene Formel entgegen: In seinen Protestnoten zu den Agrarreformen Mexikos aus dem Jahr 1938 verlangte er für damit verbundene Beeinträchtigungen US-amerikanischen Privateigentums «angemessene, effektive und umgehende Entschädigung».[6]

5 Arnold McNair: The General Principles of Law Recognized by Civilised Nations, The British Yearbook of International Law 33 (1957), S. 15.

6 Abgedruckt in: Mexiko – United States: Expropriation by Mexico of Agrarian Properties Owned by American Citizens, American Journal of International Law 32 (1938), Supplement, S. 181.

Doch auf die Dauer wurde gerade die rechtliche Form des Staates zur Einbruchstelle einer viel radikaleren Lösung. Souveräne Staatlichkeit bedeutet nämlich juristisch vor allem die paradoxe Fähigkeit, sich durch Verträge selbst zu binden. Nach der berühmten Formel des Ständigen Internationalen Gerichtshofs im Wimbledon-Fall liegt gerade in der Souveränitätsaufgabe die Bestätigung souveräner Staatlichkeit: «[...] the right of entering into international engagements is an attribute of State sovereignty.»[7] Aus den Fäden der ersten Allgemeinen Geschäftsbedingung lassen sich auf diese Weise unendlich viele weitere und aus ihnen eine ganze Weltwirtschaftsordnung spinnen.

Erfunden hat diese Technik kaum zufällig jene Industriemacht, die ihre Kolonien schon 1918 verloren hatte: 1959 schloss die Bundesrepublik mit Pakistan den ersten Investitionsschutzvertrag, in dem Unternehmenseigentum im Ausland unter einen strengen Enteignungsschutz gestellt wurde. Zu diesem Unternehmenseigentum zählten nämlich auch die Konzessionsverträge über den Abbau natürlicher Ressourcen.[8] Damit war ein juristischer Weg gefunden, der den Industriestaaten den Zugriff auf die Rohstoffe der ehemaligen Kolonien auch ohne imperiale Herrschaftstitel sicherte.[9]

Auf den Tag genau zwei Jahre nach der Deklaration über die Gewährung der Unabhängigkeit an koloniale Länder und Völker verabschiedete die UN-Generalversammlung eine weitere Resolution zur Souveränität der neuen Staaten über ihre natürlichen Ressourcen. Ihr harter Kern ist jene auf den ersten Blick unscheinbare Formulierung, wonach ausländische Investitionsabkommen, die von souveränen Staaten oder zwischen souveränen Staaten frei geschlossen wurden, nach Treu und Glauben zu beachten sind.

Heute überzieht ein dichtes Netz solcher Abkommen die Erde. Und es ist wiederum kein Zufall, dass sie wie ein Schatten auf die Dekolonisierung folgten. In ihnen garantieren sich Staaten gegenseitig, ausländischen Investoren rechtlichen Schutz vor Maßnahmen zu gewähren, die in irgendeiner Art ihr Eigentum beeinträchtigen. Der so gewährte Schutz ist umfassend, erlaubte man es doch privaten Investoren schnell, wegen Verletzungen der Investitionsschutzverträge vor einem internationalen Inves-

7 StIGH, S.S. Wimbledon (Vereinigtes Königreich, Frankreich, Italien und Japan v. Deutschland), Urteil vom 17.8.1923, PCIJ Rep. A Nr. 1, S. 25.

8 Artikel 3 Absatz 2 des Vertrages zwischen der Bundesrepublik Deutschland und Pakistan zur Förderung und zum Schutz von Kapitalanlagen vom 25. November 1959, BGBl. II 1961, Nr. 33, S. 793. «Kapitalanlagen von Staatsangehörigen und Gesellschaften einer Partei dürfen im Hoheitsgebiet der anderen Partei nur zum allgemeinen Wohl und nur gegen eine Entschädigung enteignet werden, die dem Wert der enteigneten Kapitalanlage entspricht. Die Entschädigung muss tatsächlich verwertbar und in die Währung der anderen Partei frei und unverzüglich transferierbar sein. [...] Die Rechtmäßigkeit der Enteignung und die Höhe der Entschädigung müssen in einem ordentlichen Rechtsverfahren nachprüfbar sein.»

9 Sigrid Boysen: Die postkoloniale Konstellation: Natürliche Ressourcen und das Völkerrecht der Moderne, Tübingen 2021, S. 138 ff., S. 199 ff.

titionsschiedsgericht gegen ihre Gaststaaten zu klagen – zur Freude international agierender Großkanzleien.[10] Der Kunstgriff: Dem zwischenstaatlichen Vertrag entnahm man kurzerhand die implizite Einwilligung in das Klagerecht privater Investoren zur Durchsetzung des Vertrages. Die neuen Souveräne fanden sich wieder als Beklagte in Prozessen der alten Kolonialunternehmen.

Der beiläufige Verweis der Resolution zur Souveränität über natürliche Ressourcen auf die Bestandskraft der Investitionsabkommen ist also nichts anderes als der scharf geschliffene Widerhaken, den der Westen im Moment des Triumphes der Kolonien zu setzen wusste – auf Vorschlag der USA und Großbritanniens übrigens. Die Resolution sollte den ehemaligen Kolonien nichts weniger bringen als den Brückenschlag von der souveränen politischen Gleichheit zur Autonomie über die Bedingungen von Handel und Entwicklung. Weil aber die Konzessionsverträge und Ressourcenprivilegien von Anfang an unter Investitionsschutz standen, blieben sie der Souveränität entzogen, wurden taktisch internationalisiert. Konzessionsverträge gelten seither als eigene, spezifische Kategorie internationaler «Entwicklungsabkommen». Sie unterstehen nicht dem freien Recht der Gaststaaten, sondern einem transnationalen Rechtsrahmen, der aus allgemeinen Prinzipien des Rechts der ehemaligen Kolonialstaaten konstruiert ist.[11]

Spätere Konzessionsverträge nahmen diese Entwicklung auf und sahen die Anwendung «allgemeiner Rechtsprinzipien» und damit einen Verweis auf die nationale Rechtsordnung der ehemaligen Kolonialherren explizit vor. Im starken Kontrast zur versprochenen Gestaltungsmacht der Ressourcenstaaten steht die Stellung der investierenden Unternehmen, die so scheinbar mühelos in den quasi-souveränen Status ihrer kolonialen Vorläufer wie der *Dutch* oder *British East India Company* einrückten. Der Grundsatz der Hoheit über die eigenen natürlichen Ressourcen mündet im Verzicht auf sie. – Souveränität durch Souveränitätsverzicht und Selbstbindung? Hinter den Grundnormen und Begriffen einer kantianischen Staatenwelt beginnt das Meer des Kleingedruckten, und in ihm liegt die konkrete Ordnung des internationalen Rechts.

10 Jan Paulsson: Arbitration without Privity, Foreign Investment Law Journal 10 (1995), S. 232 ff. Paulsson – seinerzeit Vorstand der Freshfields International Arbitration Group – spricht von der Entdeckung einer neuen Welt: «This new world of arbitration is one where the claimant need not have a contractual relationship with the defendant and where the tables could not be turned: the defendant could not have initiated the arbitration, nor is it certain of being able even to bring a counterclaim.»

11 Antony Anghie: Imperialism, Sovereignty and the Making of International Law, Cambridge 2005, S. 225, 229.

Bildnachweis: Abb. 1: Old School Cool.

Abb. 1 und 2
Kniefall vor dem Kleinge-druckten. Zur politischen Virulenz auf Knöchelhöhe. Besucher im Kamerun-Saal, Humboldt-Forum.

Die Alarmanlage

Doppeltür aus Glas, große weiße Letter, schwarzer Kontinent. Preußen hat bis 1919 an die 50000 Objekte aus den deutschen Kolonien in Afrika nach Berlin expedieren lassen und zusätzlich einiges im internationalen Kunsthandel erworben. Seit hundert Jahren wurde kaum etwas davon ausgestellt. Humboldt Forum, 2. Stock, Modul Schaudepot: Regale, auf denen dicht gepackt eine Anzahl ausgewählter Dinge stehen, golden beleuchtet und chronologisch nach Jahren ihres Erwerbs sortiert. Ein Raum weiter: die Kolonie Kamerun, ein Wald von hohen Architekturelementen aus Holz, montiert auf einem niedrigen, schwarzen Sockel, der großzügig den halben Raum einnimmt. Diese an die Spree gestrandete «Kolonie» mutet an wie das verlassene Set eines Sandalenfilms nach dem Dreh einer Kreuzigungsszene: Drei Meter hohe Balken, schlechtes Licht nach Feierabend, ein paar verlorene Menschen, die sich nach vorne gebückt etwas auf dem Sockel anschauen: Achtung, Kleingedrucktes! – Wer sich zu tief beugt, um die in Knöchelhöhe angebrachten Legenden zu lesen, läuft Gefahr, die Alarmanlage im Saal auszulösen. Die Tafeln mit den Erläuterungen verlegt das *Security*-Konzept der Ausstellung hinter die unsichtbare Grenze zwischen dem Publikum und den Exponaten. Ein schrilles Piepen droht den Besucher zu verraten, der in die Verstrickung zwischen den Objekten und ihrer Sammlungsgeschichte eindringt. Eine emanzipatorische List der Elektronik? Im etymologischen Stammbaum führt «Alarm» auf direktem Weg «zur Waffe» (ital. *all'arme*) und die historischen Fakten, die hier kleingedruckt über die Erwerbsumstände der Exponate informieren, erzählen von Strafexpeditionen, verbrannten Dörfern und dem, was bewaffnete Offiziere der Schutztruppe aus der Asche zogen, um es Berlin zu schenken. Bücken lohnt sich.

Bénédicte Savoy

Marie-Louise James

«Sehen Sie mal, Warburg …»

Zur Skalierung politischer Pathossemantik

Im Dezember 1926 besuchte der Reichsminister des Auswärtigen Gustav Stresemann den ein paar Monate zuvor fertiggestellten Neubau der Kulturwissenschaftlichen Bibliothek Warburg (KBW) in Hamburg in der Heilwigstraße 116. Aby Warburg bedankte sich bei dem hohen Repräsentanten der Weimarer Republik «mit einem Vortrag über die Hoheitsaspekte der Briefmarke».[1] Für die kunsthistorische Aufmerksamkeit der konventionellen Art ein ungewöhnlicher Gegenstand, präsentierte Warburg von diesen kleinen Erzeugnissen des Postverkehrs aus England und Frankreich diverse «elegante», «ansehnliche» Exemplare.[2] Landschaften im Miniaturformat, allegorische Szenen, ausgeklügelte Herrscherporträts mit Kostümen und Gesten aus dem mythologischen Fundus waren es, die den Entwurf für Marken häufig bestimmten: Darstellungen, in denen sich für Warburg das «politische und kulturelle» Prestige des jeweiligen Landes symbolisch spiegelte. Dann wechselte die kleine Demonstration vor einem der politischen Repräsentanten der Staatspitze der jungen Republik zu einer zeitgenössischen deutschen Marke, einer in Grisaille ausgeführten Goethebüste – Olympier auf ockerbrauner «3 Pfennig»-Marke.[3] «Herr Reichskanzler», so geht die Apokryphe, soll Warburg gesagt haben, «wollen Sie mal bitte die Inschrift hier lesen, wenn Sie können.» Ein amüsierter Stresemann folgte der Aufforderung: «Johann Wolfgang Goethe.» «Falsch gelesen, Herr Reichskanzler», gab Warburg zurück, «sehen Sie mal, steht hier nicht Joh Punkt, Wolfg Punkt, Goethe? Und das ist eben das ganze Unglück mit unserer Weimarer Republik, daß hier alles abgekürzt und deshalb zu kurz ist.»[4]

Die Anekdote erhellt den Kosmos des Hamburger Kunsthistorikers. In «Die alltagsmüde Briefmarke» verbindet sich Warburgs Bildindex der politischen Ikonographie mit seinem unterschiedslosen Interesse an Medien aller Art, ob nun hoher Kunst oder Massenkultur.[5] Außerdem klingt in der Anekdote eine seiner berühmten, fast schon inflationär zitierten Sentenzen an: «Der liebe Gott steckt im Detail.»[6] Zuerst fiel sie wohl 1925 in einem Seminar über die italienische Frührenaissance. Zwar sollte das scherzhafte Motto nicht mit einem Generalschlüssel zu Warburgs Werk verwechselt werden – nichtsdestoweniger bringt es

1 Warburg hat Stresemann auch das Original eines Entwurfs für eine Briefmarke zu Ehren des abgeschlossenen Locarno-Vertrages geschenkt. Vgl. Ulrich Raulff: Der aufhaltsame Aufstieg einer Idee: «Idea vincit», in: Wolfgang Kemp et al. (Hg.): Vorträge aus dem Warburg-Haus. Band 6, Berlin 2002, S. 125–62; Dorothea McEwan: IDEA VINCIT – Die siegende fliegende «Idea». Ein künstlerischer Auftrag von Aby Warburg, in: Sabine Flach, Inge Münz-Koenen, Marianne Streisand (Hg.): Der Bilderatlas im Wandel der Künste und Medien, München 2005, S. 121–151.

2 Vgl. Klaus Berger: Erinnerungen an Aby Warburg, in: Stephan Füssel (Hg.): Mnemosyne. Beiträge zum 50. Todestag von Aby M. Warburg, Göttingen 1979, S. 49–57, hier S. 52.

3 Bergers Bericht erwähnt einen «Bildschirm» (S. 52), wohingegen die Wiedergabe bei Raulff sich auf eine «Schautafel mit Briefmarken» (S. 131) bezieht.

4 «Brachygraphie» war an sich nichts Neues, das zeigen die römischen Münzen und die mittelalterlichen Texte. Vielleicht denkt Warburg an die moderne Parole «Fortschritt in der Abkürzung» – eine Formel, die er dreißig Jahre früher noch in einer Widmung an seine Frau verwendet hatte, als er sich über die «unwesentlichen Details» lustig machte, auf welche die ältere Generation Wert lege: E.H. Gombrich: Aby Warburg. Eine intellektuelle Biographie, ins Deutsche übersetzt von M. Fienbork, Frankfurt/M. 1981, S. 125 f.

seine besondere Aufmerksamkeit für «das scheinbar Marginale oder Unbedeutende» auf den Punkt. Dieses konzentrierte Denken vom «Detail» verbindet heute Lesetechniken wie das «close-reading» mit der «Fallstudie» bis hin zu Analysen des «Mikrowissens» und der Erforschung der Nanotechnik.[7] Nach Ansicht eines Sammelbandes über die «Mikrostrukturen des Wissens» fordert Warburgs Sentenz «eine eigene Epistemologie» ein, «eine eigene Optik».[8] Die Anekdote mit dem Außenminister ist dafür ein ausgezeichnetes Beispiel. An dem winzigen Schriftzug auf der Marke artikulieren Auge und Stimme jedes einzelne typographische Merkmal, zum Schluss eines jeden Vornamens, fast im Stil der konkreten Poesie, unter wiederholt hervorgeschnelltem «Punkt». Ja nicht das in der Abkürzung Ausgelassene ergänzen! «Joh.» ein Bruchstück, eine Spur, eine Marginalie bleiben lassen! Doch in Warburgs Zurechtweisung geht es um mehr als um präzise Aufmerksamkeit für die «Mikrostruktur»: Es ist die höfliche Anweisung, richtig zu skalieren, damit so zwischen Mikroskalar und Makroskalar Relationen hergestellt werden können – zwischen der Briefmarke und dem das Gemeinwesen betreffenden «Unglück». «Sehen Sie mal.» Warburg bittet Stresemann, nochmal genau hinzuschauen, er möchte an die Stelle der hastigen, halbautomatischen «Lesegeschwindigkeit» einen anderen retardierenden Modus von Geschwindigkeit gesetzt haben, die «Betrachtungsgeschwindigkeit».[9]

Warum die Betonung auf Skala? Schon in den frühesten Diktatversionen von Warburgs Einführung zum «Bilderatlas Mnemosyne» hat der Bildhistoriker explizit von einer «gebärdensprachlich[en]» Umspannung «[der] ganzen Skala des Ergriffenseins» gesprochen. Hier nun ist das Wort «Skala» das merkwürdige «Detail». In Warburgs anderen Texten kommt es kaum vor, dort ist üblicherweise der geometrische Ausdruck «Maßstab» gewählt.[10] Die Forschungsliteratur neigt sogar dazu, mehr nur beiläufig die Feststellung zu treffen, dass der «Bilderatlas» ein «large-scale»-Projekt war (Buchloh) oder Warburgs Œuvre ein «weitgespanntes» (vast) Unternehmen (Kurt Foster).[11] Die Skala als bewusst gesetzter Begriff im unmittelbaren Kontext der Pathossemantik wird, wie die aufgefüllten Silben im Vornamen des Weimarer Klassikers auf der «3 Pfennig» Marke, einfach mit-

5 Aby Warburg: WIA, III, 99.1.2. «Zwei antikisierende Symbole politischer Macht im Spiegel der Briefmarke», fol. 41.

6 Wolfgang Schäffner, Sigrid Weigel, Thomas Macho: Das Detail, das Teil, das Kleine. Zur Geschichte und Theorie eines kleinen Wissens, in: Wolfgang Schäffner, Sigrid Weigel, Thomas Macho (Hg.): «Der liebe Gott steckt im Detail». Mikrostrukturen des Wissens, München 2003, S. 7–17, hier S. 7. Vgl. Christopher D. Johnson: Memory, Metaphor, and Aby Warburg's Atlas of Images, Ithaca 2012, S. 41.

7 Schäffner et al.: Das Detail, das Teil, das Kleine, S. 7.

8 Ebd.

9 Vgl. Carlos Spoerhase und Nikolaus Wegmann: «Skalieren», in: Heiko Christians, Matthias Bickenbach, Nikolaus Wegmann (Hg.): Historisches Wörterbuch des Mediengebrauchs, Bd. 2, Köln/Weimar/Wien 2018, S. 412–424, hier S. 414.

10 Vgl. Jens Schröter: Maßverhältnisse der Medienästhetik, in: Ingo Köster/Kai Schubert (Hg.): Medien in Raum und Zeit. Maßverhältnisse des Medialen, Bielefeld 2009, S. 63–84.

11 Benjamin H.D. Buchloh: Gerhard Richter's «Atlas»: The Anomic Archive, in: October 88 (1999), S. 117–145, hier S. 122; Kurt Foster: Introduction, in Aby Warburg: The Renewal of Pagan Antiquity, Los Angeles 1999, S. 1–75, hier S. 45. Substanziellere Bezugnahmen auf Skala in Hartmut Böhme: →

gelesen oder eben gar als Schlüssel für den ganzen Bilderatlas eingespannt. «Sehen Sie mal». Als Begriffssystem, das die materiellen und konzeptuellen Grundlagen von Warburgs Technik strukturiert, verdient die «Skala» unsere besondere Aufmerksamkeit.

Recht häufig ist geschrieben worden über die Nachbarschaft, die zwischen Warburgs Detailversessenheit und seiner ausgedehnten Sammlung kleinteiliger Druckgraphik besteht: Münzen, Medaillen, Kupferstiche, Flugblätter, sogar schlichte Amtsmarken, Krimskram also, welchen er in verschiedene «Bilderreihen» zusammenstellte, sowohl zu Vorlesungszwecken als auch für den nicht beendeten «Bilderatlas Mnemosyne» (1927–1929).[12] Bei diesen Artefakten, antik und modern, hielt Warburg seinen kritischen Scharfsinn auf das Kleingedruckte gerichtet. Gleichzeitig jedoch stapelten sich auf den Gestellen in Warburgs Bibliothek neben diesem Kleinkram Abbildungen von monumentalen Fresken, Fassaden und Tapisserien. Da die photographischen Reproduktionen die Briefmarke vergrößerten und das Fresko verkleinerten, stellte diese skalare Durchrelativierung jene «energetische Inversion» nur auf eine noch breitere Basis, die Warburg selber für das Ergebnis der kulturwissenschaftlichen Methode «vergleichender Betrachtung» und interpretativer «Auseinandersetzung» halten wollte.[13]

Die Vermittlung durch die Photographie ist indessen nur eine Art des (Re-)Skalierens. Die Briefmarke zum Beispiel verbindet Klein- und Großskaligkeit in dem Gebrauch selber. Täglich ausgegeben, *en masse* gedruckt, hat der kleine Gegenstand seit seiner Einführung in England um 1840 sich volumenstark geschwind über die Welt verbreitet.[14] Bis zur Zwischenkriegszeit war die pure Anzahl neuer Marken für den eifrigen Sammler kaum noch zu überblicken – 80000 Markenemissionen schon 1914.[15] Skala bietet daher eine Menge von Aspekten: nicht nur als eine Sache des Formats, sondern auch der Anzahl, eindringlich genug im Hinblick auf jene Wucht der Wiederholung, die Warburg dermaßen faszinierte, wenn er das «Nachleben» der Antike über Raum und Zeit verfolgte. Als sich der kulturwissenschaftliche *entrepreneur* – der der Bilderhistoriker auch war – auf ein zunehmend uferloses Unternehmen einließ, war die Aufmerksamkeit für

→ «Die Ganze Skala der Kultur». Aby Warburg und das Verhältnis zwischen Archaismus und Moderne, in Michel Mettler et al. (Hg.): Holy Shit: Katalog einer verschollenen Ausstellung, Zürich 2016, S. 50–57; Georges Didi-Huberman: L'image survivante. Histoire de l'art et temps des fantômes selon Aby Warburg, Paris 2002, S. 454–455.

12 Frank Zöllner: Von der Philatelie zur Bildwissenschaft. Aby Warburg und die Briefmarke, in: Dirk Naguschewski, Detlev Schöttker (Hg.): Philatelie als Kulturwissenschaft: Weltaneignung im Miniaturformat, Berlin 2019, S. 17–39, hier S. 25; Uwe Fleckner, Isabella Woldt: Die Funktion des Briefmarkenbildes im Geistesverkehr der Welt, in: ders.: Aby Warburg, Bilderreihen und Ausstellungen, Berlin 2012, S.151–189, hier S. 151.

13 Aby Warburg, WIA, III.115.1.2, «Die römische Antike in der Werkstatt Ghirlandaios», fol. 8. Vgl. Johnson: Memory, Metaphor, and Aby Warburg's Atlas of Images, S. 73; Thomas Hensel: Wie aus der Kunstgeschichte eine Bildwissenschaft wurde: Aby Warburgs Graphien, Berlin 2011, S. 155.

14 Vgl. Walter Benjamin: Briefmarken-Handlungen, in: Detlev Schöttker, Steffen Haug (Hg.): Walter Benjamin. Werke und Nachlass, Kritische Gesamtausgabe. Einbahnstraße [1928], Bd. 8, Frankfurt/M. 2009, S. 186; Egon Friedell: Kulturgeschichte der Neuzeit [1927–1931], München 1979.

Abb. 1
«Sehen Sie mal …»:
Der Punkt im Punktum.
JOH. WOLFG. V. GOETHE
auf ockerbrauner 3-Pfennig-Briefmarke, Deutsches Reich.

Abb. 2
Militärische Nichtaufgabe als Briefmarkenkunst. Sondermarke zum ukrainischen Widerstand gegen die russische Besetzung der Schlangeninsel, Emission: April 2022.

Abb. 3
«Vorleben» eines Attentats: Die NGO «Chesno» («Ehrlich») zeigt in einer Fotoaktion auf dem Kontraktowa-Platz in Kiew die Zerstörung der Krim-Brücke, noch bevor sie mit einem Sprengstoffattentat massiv beschädigt wurde. Zur politischen Skalierung von Solidarität an der Heimatfront. Foto: Brendan Hoffman.

das Detail, für die er warb, nicht von so mikroskopischer Art, wie man denken könnte. Man braucht ja nur einen Blick auf die über sechzig Tafeln und 400000 Abbildungen zu werfen, die der «Bilderatlas Mnemosyne» enthält.

Frances Yates hat einmal bemerkt, dass das Zusammenspiel von Warburgs «Geist» mit seiner «Bibliothek» von einer «Mikrokosmos/Makrokosmos»-Thematik durchzogen sei. Dieses polare Begriffspaar bezieht sich in ihren sonstigen Schriften normalerweise auf die Frage nach der Stellung des Menschen in der Welt.[16] «Micro» und «Macro» sind indessen eben auch Skalierungsbegriffe. In der Gegenwart unterstreichen das die in der Medientheorie geführten Debatten über eine «Ästhetik der Skalierung».[17] Dazu passend würde ich sagen, Warburg reskaliert das Mikrokosmische in das Makrokosmische, er periodisiert ein wiederkehrendes Detail auf der Zeitachse, indem er sich dabei dem Wirbel der Vorkommnisse von «Pathosformeln» überlässt, um diese innerhalb eines größeren «Weltverkehrs» von Mensch, Politik und Ideologie zu verorten.[18]

Warburgs gesteigerte Aufmerksamkeit für Briefmarken wirft ein bezeichnendes Licht auf diesen Zug seiner Forschung. Seine Leidenschaft für das Briefmarkensammeln ist brieflich schon für 1879 bezeugt, doch so richtig an die Öffentlichkeit ist er damit erst im August 1927 getreten, auf einer Veranstaltung in seiner Bibliothek mit dem Titel «Die Funktion des Briefmarkenbildes im Geistesverkehr der Welt».[19] Das Programm bestand aus einem Vortrag von Edwin Redslob, dem Reichskunstwart der Weimarer Republik und selber großen Philatelisten, gefolgt von Warburgs Beitrag. Dessen Wortlaut ist zwar unauffindbar. Briefstellen, Vortragsnotizen und Zeitungsberichte laden jedoch dazu ein, den Inhalt aus diesen Bruchstücken zu rekonstruieren.

In den Wochen rund um diesen Termin korrespondierte Warburg eifrig zum Thema «Briefmarkenkunst als Kulturaufgabe» und dazu, in welcher Verbindung dieses Medium «zu den Mächten» stand, «die den Stil der Gegenwart gestalten».[20] Das Politische war hier der Klebstoff der Marke. Selbst «banale Gebäude» oder eine «Meereslandschaft» ließen sich abgebildet in «Hoheitszeichen» umwandeln, «die den Träger eines solchen Zeichens entpersönlichen, ihn zum Instrument machen».[21] Eines von den bes-

15 Zöllner: Von der Philatelie zur Bildwissenschaft, S. 24.

16 F. A. Yates: Speech on the Acceptance of the Premio Galileo Galilei, Pisa, in: dies.: Renaissance and Reform: The Italian Contribution, London/Boston 1983, S. 1–5, hier S. 3; zit. Nach: Claudia Wedepohl: Mnemonics, Mneme and Mnemosyne. Aby Warburg's Theory of Memory, in: Bruniana & Campanelliana 20 (2014), S. 385–402, hier S. 390; Vgl. F. A. Yates: The Art of Memory, London 1966.

17 Spoerhase, Wegmann: Skalieren, S. 421; Carlos Spoerhase: Skalierung. Ein ästhetischer Grundbegriff der Gegenwart, in: Carlos Spoerhase, Steffen Siegel, Nikolaus Wegmann (Hg.): Ästhetik der Skalierung, Hamburg 2020, S. 5–16.

18 Zum Wirbel vgl. W.J.T. Mitchell: Method, Madness, Montage: Aby Warburg to John Nash, in: Aby Warburg 150: Work – Legacy - Promise (Conference), The Warburg Institute 2016. Die Beiträge sollen erscheinen in David Freedberg, Claudia Wedepohl (Hg.): Aby Warburg: Work – Legacy – Promise, Berlin 2023.

19 Zöllner: Von der Philatelie zur Bildwissenschaft, S. 22; Vgl. Aby Warburg, WIA, III.99.1.1, «Die Funktion der Briefmarkenbilder».

20 WIA, GC (Allgemeiner Briefwechsel), Aby Warburg an Edwin Redslob, 15. Juli 1927; WIA, GC, Aby Warburg an Wilhelm von Bode, 29. August 1927.

21 Aby Warburg, WIA III, →

serdokumentierten Beispielen dafür – es figuriert auch auf einer Tafel des «Bilderatlas» – war eine britische Barbados-Marke, die den König von England als Neptun in einem Wagen darstellt, der von einem Seeungetüm gezogen wird.[22] Dutzende weiterer Marken aus aller Herren Länder schlossen sich an, indem Warburg oft ein Korrespondenzverhältnis zwischen bestimmten «Staatspsychologien» und den Entwürfen für die Marken andeutete.[23]

Hier bleiben die Einzelheiten undeutlich, aber die handschriftlichen Einträge in Warburgs Notizbüchern sind für die Sprungweite von dem Mikro- zum Makroskalaren aufschlussreich. Unter der Überschrift «Methodologisch» notiert Warburg: «Mich hatte – seit jungen Jahren ein eifriger Sammler – das mikrokosmische Element gepackt: Welt im Kleinen, *die die Fülle zeigt*, aber auch den Kampf der bildformenden Mächte verrät.»[24] Ein Verrat der Welt um des Wissens willen, wie Walter Benjamins melancholischer Allegoriker das vielleicht genannt hätte,[25] macht hier Ikonographisches durchsichtig auf die Weltmächte dahinter. «Ein so kleines Wirklichkeitsding wie die Briefmarke», heißt es in einem Zeitungsbericht, nähmen Redslob und Warburg und «zeigt[en] damit, die große Bedeutung auf, die der Marke zukommt.»[26] Oder, um Warburg nochmals zu zitieren, das Postwertzeichen erlangt den Status einer «Bildersprache des Weltverkehrs» und leistet auf diese Weise – so eine seiner kryptisch überlieferten Notizen – seinen Beitrag zum «Inflationswerte d. Gebärdensprache».[27] «Gebärden» sind, neben dem «bewegten Beiwerk», ein Schlüsselelement in seiner Jagd nach Pathosformeln.[28] Da diese Symboldetails, Gebärden und Beiwerke sich in den modernen Medien behaupten, unterliegt ihre Wiederkehr selber einer Art «Inflation». Indem es den Globus überwuchert, steigert das Postwertzeichen das «Nachleben» der Antike ins geradezu Fieberhafte.[29] In dieser Fieberkurve der «Gebärdensprache» könnte mitschwingen, dass in jeder neuen Wiederholung das bildliche Hauptmotiv abgeändert ist und ebenso der Stellenwert jedes jener Details. Auf diese Weise wären Wiederholung und Variation nicht in einen Kreislauf gebannt: «Mikro» und «Makro» würden chiasmatisch in Wechselwirkung stehen, indem dadurch aus der Wiederkehr der «Pathosformeln» etwas Neues entsteht.[30]

→ 99.1.1.2, fol. 56; C.H.W.: «Die Briefmarke als Kulturdokument. Vorträge von Dr. Redslob und Professor Warburg», in: Hamburger Nachrichten, 15.8.1927. Vgl. Anonym: «Die Briefmarke als Kulturdokument», in: Hamburger Fremdenblatt 262 / 1927 (17.8.1927).

22 Tafel 77 in Roberto Ohrt, Axel Heil (Hg.): Aby Warburg: Bilderatlas Mnemosyne, Berlin/London 2020. Weiteres zu Warburgs Interpretation bei Jost Philipp Klenner: Mussolini und der Löwe: Aby Warburg und die Anfänge der politischen Ikonographie, in: ZIG 1 (2007), S. 83–98, besonders S. 92–93; Gombrich: Aby Warburg, S. 352ff.

23 C.H.W.: Die Briefmarke als Kulturdokument.

24 Aby Warburg, WIA III, 99.1.1.2, fol. 58.

25 «Melancholie verrät die Welt um des Wissens willen.» Walter Benjamin: Ursprung des deutschen Trauerspiels [1928], Rolf Tiedemann (Hg.), Frankfurt/M. 1982, S. 136.

26 C.H.W.: Die Briefmarke als Kulturdokument.

27 WIA, III.99.1.1, fol. 68.

28 Vgl. Sigrid Weigel: «Nichts weiter als …». Das Detail in den Kulturtheorien der Moderne: Warburg, Freud, Benjamin, in: Wolfgang Schäffner, Sigrid Weigel, Thomas Macho (Hg.): «Der liebe Gott steckt im Detail». Mikrostrukturen des Wissens, München 2003, S. 91–111.

29 Vielleicht nicht von ungefähr: Warburg könnte die →

Die Rede vom Skalieren wirft so ein Schlaglicht auf Warburgs Methode, die bei dem Kleingedruckten anhebt und auch darauf zurückkommt: bei diesem Detail, in welchem wir Gott selbst *en miniature* haben. Von dieser Dynamik zehrt das Projekt «Nachleben», indem es immer größer skaliert wird und sich ausdehnt, «ob wir wollen oder nicht», wie Warburg einmal Fritz Saxl schrieb, als es darum ging, dass die Anzahl der Abbildungen im «Bilderatlas» immer zunahm.[31] Wären diese Techniken also imstande, dass sich auch jenseits ideenhistorischer Rekonstruktion eines kulturwissenschaftlichen Klassikers Warburgs Methode für die politische Skalierung unserer Tage denken lässt?[32] Die Virulenz der Briefmarke für die politische Ikonographie hat sich ja nicht erledigt. Im April 2022 stehen Hunderte Ukrainer in einer Schlange, um eine neuausgegebene Briefmarke zu kaufen: eine Erinnerungsmarke zur Feier des heroischen Moments, wie Soldatenmut der Besetzung der Schlangeninsel trotzt. In einer seriellen Auflage von 1 Million, samt 20000 Briefumschlägen, zeigt der Entwurf erhobenen Arms einen ukrainischen Grenzwächter, wie er dem russischen Kriegsmarine-Boot den Mittelfinger entgegenreckt.[33] Eine militante Pathosgeste des Widerstands gegen den Aggressor, die durch alle Medien des «Weltverkehrs» zirkulierte. «Russian warship, go fuck yourself!» Die Drastik der Gebärdensprache, der Mittelfinger und die europäische Tragödie. «Sehen Sie mal». Hier vor unseren Augen im Horizont des Krieges klebt der Stoff des Politischen.

Bildnachweise: Abb. 1: Zit. nach: Uwe Fleckner, Isabella Woldt (Hg.): Aby Warburg. Bilderreihen und Ausstellungen, Berlin 2012, S. 172 f. (Tafel 8). – Abb. 2: © Borys Grokh. Zit. nach Joe Barnes: Snake Island. Why Ukraine just won't let go, The Telegraph, 26 May 2022. – Abb. 3: © Brendan Hoffman.

→ Hyperinflation eines anderen Druckmediums verarbeitet haben, der Papiermark 1921–1923.

30 Oder mit einer Pointe von Friedrich Kittler: Wir rennen zeitlich von heute zurück zu den Griechen, doch gleichzeitig rennen wir vorwärts. Vgl. Friedrich A. Kittler: Musik und Mathematik I: Hellas 2: Eros, München 2009, S. 245; zit. In: Geoffrey Winthrop-Young: Siren Recursions, in: Stephan Sale, Laura Salisbury (Hg.): Kittler Now: Current Perspectives in Kittler Studies, Cambridge 2015, S. 71–94, hier S. 75.

31 WIA, GC, Aby Warburg an Fritz Saxl, 18. Mai 1928.

32 Vorschläge zur Fortschreibung der «Pathosformeln» machen Georges Didi-Huberman oder Alexander Kluge. Ihre Beispiele reichen von Eisensteins Panzerkreuzer Potemkin bis zu Trumps Helikopterlandung. Vgl. Georges Didi-Huberman: Conflicts of Gestures, Conflicts of Images, in: The Nordic Journal of Aesthetics 55-56 (2018), S. 8–22; Alexander Kluges Beitrag in: Aby Warburg Bilderatlas Mnemosyne Virtual Exhibition Launch, The Warburg Institute, 26. November 2020; ders.: Werkstatt «Warburgs Passage», Fundaziun Nairs, August 2022.

33 Rachel Treisman: Ukrainians wait in line for hours to buy commemorative Snake Island postage stamps, in NPR, 20. April 2022, https://www.npr.org/2022/04/20/1093764504/ukraine-snake-island-postage-stamp?t=1659266747994.

Jens Bisky

«Hier wohnte – auch – Billy Wilder»

1 Siehe Wolf Jobst Siedler: Wir waren noch einmal davongekommen. Erinnerungen, München 2004, S. 63.

2 Siedler: Wir waren noch einmal davongekommen, S. 63.

3 Wolf Jobst Siedler, Elisabeth Niggemeyer, Gina Angreß: Die gemordete Stadt. Abgesang auf Putte und Straße, Platz und Baum, Berlin 1964, S. 7.

4 Ebd.

5 Ebd., S. 27.

Ausgerechnet Gedenktafeln schienen dem Verleger Wolf Jobst Siedler die Geschichtslosigkeit Berlins zu belegen. Besonders eine aus griechischem Marmor mit dunklen Messingbuchstaben am Viktoria-Luise-Platz versetzte ihn in Rage. Zwei Häuser neben dem Sitz seines Verlages, an einem Neubau in Kieselkratzputz,[1] stand seit 1993 in Versalien: «Hier wohnte von 1927 bis 1928 auch Billy Wilder, Filmregisseur, 22.6.1906» *(Abb. 1)*. «Nur ein Dreivierteljahr lang» habe Wilder hier gewohnt, moniert der Verleger mit dem historischen Zeigefinger in seine Erinnerungen, auch sei dieser damals nicht berühmt gewesen, sondern bloß «der unbekannte deutsche Wilder, als er noch Samuel hiess.» Der Abschnitt über Berliner Gedenktafeln endet auf dem hohen Ton des Generalverdikts: «Jahrzehntelang hat man sich nicht um Berlins Vergangenheit geschert, jetzt sucht man auch die banalsten Orte zu historisieren. Das heutige Gedenken ist so geschichtslos wie das gestrige Vergessen.»[2]

Die feine Ironie des «auch» auf der Tafel an Haus Nummer 11 war dem Verleger und versierten literarischen Publizisten offenkundig entgangen. Zu eingenommen war er von seiner jahrzehntealten notorischen Überzeugung, dass Geschichts- und Gesichtslosigkeit einander verschwistert sind und urbanes Leben ersterben lassen. Diese These hatte er 1964 in dem Berlin-Buch *Die gemordete Stadt. Abgesang auf Putte und Straße, Platz und Baum* in einem Panoptikum von Bausünden obsessiv ausgebreitet. Damals nahm Siedler im Reformjahrzehnt der Planungseuphorie des modernen Bauens die ironische «Zuneigung zum Gestern» für sich in Anspruch, wusste aber um den «illusionären Charakter solcher Attitüde» und das Prekäre der Stimmlage «reaktionären Frohmuts».[3] Auch in dieser Elegie spielte «Kleingedrucktes» im städtischen Raum eine Rolle. Es seien – heißt es da, über das Hansaviertel, das West-Berliner Vorzeigeprojekt für «Stadterneuerung, Auslichtung, Entkernung, Sanierung, Durchgrünung, Entballung»[4] – «in unmittelbarer Umgebung zweier benachbarter achtgeschossiger Wohnhäuser (frei stehende Zeilen) 19 Verbotstafeln gezählt» worden.[5] Siedler nutzte den Verweis auf Tafeln wie Verbotsschilder zur Illustration längst feststehender Urteile über den Verlust freier Entfaltung, sinnlicher Vielfalt und vielgestaltiger Räume – ein halbes Jahrzehnt vor den allgemeinen

Lockerungsübungen und kleinen Grenzüberschreitungen der Studentenrevolte, deren emanzipatorische Errungenschaften Niklas Luhmann trocken so bilanzierte: «Von da an konnte man über den Rasen laufen.»

Eine große Stadt mag beschaffen sein, wie sie will, das Leben ihrer Bewohner wäre ohne Schilder, Tafeln, Plakate, Inschriften, flottierende Signifikanten gewiss beschwerlich, auf jeden Fall aber ärmer und enger. Niemand muss sich wie der «Nouveau-Roman»-Autor Michel Butor, den Siedler einst als Autor für den *Tagesspiegel* gewann, für den Zusammenhang von Schriftkultur und Urbanität interessieren und die gesamte Stadt wie einen Text lesen,[6] um für allerlei Kleingedrucktes auf Straßen und Plätzen dankbar zu sein. Das Kleingedruckte erfüllt verschiedene Funktionen, dient mal der Zivilisierung, der sozialen Orientierung auf engem Raum, mal der Reglementierung des Verhaltens, oft der Werbung oder – allen Apps zum Trotz – der konkreten Nachbarschaftshilfe. Das beste Beispiel dafür sind die ausgedruckten Anzeigen und Abreißzettel, die auf Ampeln, Laternenmasten oder Kabelverteilerkästen in der Hoffnung geklebt werden, jemand könnte die entschwundene Katze gesehen haben, Gitarre lernen oder der jungen Familie eine günstige 3-Zimmer-Wohnung («gerne mit Balkon») vermieten wollen.

Die Gedenktafeln dagegen richten sich im sozialen Rollenportfolio nicht an Verkehrsteilnehmer, Konsumenten, Regelübertreter oder Wohnungssuchende. Sie sprechen die Städtebewohner als Leser an, die, sofern sie nicht gleichgültig vorübergehen, aufgefordert sind, den wenigen, formelhaft dargebotenen Informationen Sinn und Bedeutung abzulauschen. Bereits das Adressbuch von 1930 verzeichnet dutzende «Gedenktafeln und Erinnerungszeichen».[7] Die Liste beginnt mit der dem Stenografen Leopold Arends gewidmeten Bronzetafel in der Besselstraße 16 (Kreuzberg) und endet mit der Schillerlinde am Kaiserplatz in Hermsdorf. Sie dokumentiert ein städtisches Erinnern in Ergänzung und teilweise auch im Gegensatz zum residenz- wie hauptstädtisch lizensierten Denkmalprogramm; gewürdigt werden vor allem Schriftsteller, Maler, Musiker, Architekten. Dass es heute über 3400 Gedenktafeln gibt und neue verlässlich hinzukommen, ist dem Erfolg der «Geschichte

6 Vgl. Michel Butor: Die Stadt als Text. Aus dem Französischen von Helmut Scheffel, Granz, Wien 1993.

7 Berliner Adreßbuch, 1930, Anhang, S. 221 f.

von unten» zu verdanken. Zwischen der Preußen-Ausstellung von 1981, dem 50. Jahrestag der nationalsozialistischen Machtübernahme sowie der mit Pomp und in Systemkonkurrenz begangenen 750-Jahr-Feier wurde die «gemordete Stadt» als Geschichtslandschaft neu entdeckt. Man misstraute den Grünanlagen und Asphaltflächen, eine Bürgerinitiative begann das Gestapo-Gelände in Kreuzberg freizulegen, um einen Gedenkort einzurichten, die Topographie des Terrors. Der aus der Initiative hervorgegangene Verein «Aktives Museum Faschismus und Widerstand in Berlin e. V.» betreut heute in Zusammenarbeit mit anderen die Webseite (www.gedenktafeln-in-berlin.de) und die Koordinierungsstelle Stolpersteine (www.stolpersteine-berlin.de). Ähnliche Graswurzel-Initiativen gab es in vielen Kommunen der Bundesrepublik und auch der DDR. Es ging um «authentische» Orte, individuelle «Schicksale» und Zeugnisse, Alltagsgeschichte, die Einbeziehung diskriminierter und marginalisierter Gruppen in das Geschichtsbild, unter dem Schirm der stets großgedruckten Vokabeln: um «Inklusion» und «Demokratisierung».

Seit 1985 haben Berliner Gedenktafeln eine einheitliche Form: kobaltblaue Schrift auf Porzellan der Königlichen Porzellan-Manufaktur, die ihre Gründung auch einem der bedeutenden bürgerlichen Berliner, dem «patriotischen Kaufmann» Johann Ernst Gotzkowsky verdankt. Daneben gibt es andere und ältere, deren Geschichte manchmal eine eigene Gedenktafel rechtfertigen würde. Als 1929 auf Vorschlag der sozialdemokratischen Stadtverordneten in der Mohrenstraße eine Tafel angebracht wurde, weil Karl Marx dort 1837/38 gewohnt hatte, nahmen der «reformistische» Parteitheoretiker Eduard Bernstein und der in den sozialdemokratischen Schoss wieder zurückgekehrte Stadtrat für Verkehrswesen Ernst Reuter, auf den Lenin einst große Stücke gehalten hatte, an der Enthüllung teil. Im Juli 1933 ließen die neuen Machthaber die Tafel entfernen, Bomben zerstörten im Zweiten Weltkrieg das Haus. Zwischen den einzelnen Tafeln, die eine imaginierte Gesellschaft der Stadtbewohner repräsentieren und oft auch die etablierte intellektuelle Straßenverkehrsordnung durchkreuzen, lassen sich viele Verbindungen knüpfen, jede fordert dazu auf, weiter zu lesen, zusätzliche Informationen herbeizuschaffen.

Billy Wilder, der mit *Menschen am Sonntag, A Foreign Affair* und *Eins, zwei, drei* cineastische Bilder und Bühnen der großen Stadt entworfen hat, wohnte im dritten Stock des Eckhauses Viktoria-Luise-Platz/Münchener Straße zur Untermiete bei Familie York-Schulz.[8] Das Zimmer erinnerte er als klein und düster, nebenan rausche die Toilettenspülung. Eines Nachts, so erzählte er später, habe ein Filmgewaltiger, weil er rasch aus dem Schlafzimmer der Nachbarin fliehen musste, in seinem Zimmer in Unterhosen gestanden und für den heiklen Augenblick Asyl gesucht.[9] Daher habe der Direktor im nächtlichen Tauschhandel dem jungen Wilder ein Drehbuch abkaufen müssen. Anekdote wie Tafel erinnern an unverhoffte Begegnungen im Berlin der zwanziger Jahre, an Aufbruch wie dessen gewaltsames Ende. Und sie erzählen, dass Zufall, Flüchtigkeit, Plötzlichkeit zur sozialen Geschäftsordnung des urbanen Lebens gehören. Ob eines

8 Informationen nach: https://www.gedenktafeln-in-berlin.de/gedenktafeln/detail/billy-wilder/2080.

9 Der österreichische Filmproduzent Maxim Galitzenstein war der nächtliche Überraschungsgast. Vgl. Hellmuth Karasek: Billy Wilder. Eine Nahaufnahme, Hamburg 2006, S. 68.

Abb. 1
Some like it Marmor. Die Tafel an dem Neubau des kriegszerstörten Wohnhauses wurde am 19. Februar 1993 im Beisein Billy Wilders im Rahmen der Berliner Filmfestspiele enthüllt. Wilders Todesdatum – 27.3.2002 – wurde auf der Tafel in den letzten Jahren ergänzt.

Tages eine KPM-Porzellantafel mit kobaltblauer Inschrift an einem längst unter Denkmalschutz stehenden Achtgeschosser im Hansaviertel verkünden wird, an dieser Stelle habe sich der preußische Liberale Wolf Jobst Siedler mit großem Erfolg über Verbotsschilder geärgert?

Ethel Matala de Mazza

Bedingt verantwortlich

Das Impressum des Zeitgeistes

Das Impressum ist Teil von Druckwerken und gehört zur Peripherie der Paratexte. Dort steht es allerdings diskret im Hintergrund, im Gegensatz zu Anderem, das bereits auf Umschlägen sich breitmacht und sofort ins Auge springen will. In Büchern billigt man dem Druckvermerk nur eine nachgeordnete Position zu: als Petitesse, die auf der «‹schönen Seite›»[1] des *Recto* nichts verloren hat. Gewöhnlich wird er auf die «Rückseite des Titelblattes» gesetzt, gelegentlich auch erst am «Schluß des Bandes»[2] nachgetragen und meist unten oder mittig, seltener am oberen Seitenrand platziert. Trotz der notorischen Bagatellisierung durch Typographie und Layout trägt das Impressum viel juristisches Gewicht. Es weist Namen und Adressen derer aus, die für unliebsame Folgen der Veröffentlichung presserechtlich haften.

Das geschieht nicht freiwillig. Im Druckvermerk prägt sich die Kraft sanktionsbewehrter Gesetze ein. Über den Impressumszwang verschaffen Staaten ihren Rechtsprinzipien gegenüber der Macht der Presse Geltung, indem sie deren Vertretern Rechenschaft darüber abverlangen, wer büßen soll, wenn Kläger gegen Gedrucktes vor Gericht ziehen. So dezent das Impressum dieser Forderung im kleinen Schriftgrad nachkommt, indem es die Auskunftspflicht als reine Formsache abhandelt, so deutlich markiert es doch, dass jedes Druckwerk möglichen Konfliktstoff birgt und während seiner Wanderschaft durch viele Hände für Ärger sorgen kann.

Die Verkehrsrisiken von Drucksachen werden dabei in den Pressegesetzen der Bundesländer, die in Deutschland die «Ordnungsvorschriften» für die «*gesamte* periodische und nichtperiodische Presse»[3] mit föderalem Eigensinn ausgestalten, durchaus abgestuft bewertet. Ausgenommen vom Impressumszwang sind amtliche Mitteilungen, außerdem – schon seit dem novellierten Pressegesetz aus der Zeit des Kaiserreichs – so genannte harmlose Schriften wie «Formulare, Preiszettel, Visitenkarten u. dgl.», die «nur zu den Zwecken des Gewerbes und Verkehrs, des häuslichen und geselligen Lebens»[4] dienen. Dagegen fallen unter die einfache Impressumspflicht vor allem Bücher, aber auch Flugblätter, Broschüren und Ähnliches. Das Gesetz verlangt für diesen Fall, dass Drucker und Verleger nicht nur namentlich, sondern

1 Gérard Genette: Paratexte. Das Buch vom Beiwerk des Buches [1987]. Mit einem Vorwort von Harald Weinrich, übers. von Dieter Hornig, Frankfurt/M. 1989, S. 37.

2 Helmut Hiller: Art. Impressum, in: ders., Wörterbuch des Buches [1954]. 5., vollständig neu bearbeitete Auflage, Frankfurt/M. 1991, S. 152 f.

3 Handbuch des Presserechts, 7., neu bearbeitete Auflage von Reinhart Ricker und Johannes Weberling, München 2021, S. 101.

4 Reichsgesetz vom 7. Mai 1874 über die Presse, § 6. Zit. nach: Sammlung in der Praxis oft angewandter Verwaltungsgesetze und Verordnungen für Bayern, Bd. 1: Reichsgesetze und -Verordnungen, 5. Auflage, neu bearbeitet von Georg Ziegler, München/Berlin/Leipzig 1927, S. 430–434, S. 430.

überdies mit (Firmen-)Anschrift ausgewiesen werden. Zeitungen und Zeitschriften unterliegen einem erweiterten Impressumszwang. Über die Genannten hinaus ist ein verantwortlicher Redakteur anzuführen, auch ein Verantwortlicher für den Annoncenteil.[5] Analoges regelt das Telemediengesetz, das Rundfunk, Fernsehen und das Internet betrifft.[6]

Hinter diesen kleinteiligen Vorgaben steht die Einsicht, dass Autoren keine Bücher machen, sondern Andere brauchen, die Knowhow, Geld, Geräte und Vertriebsstrukturen dafür bereitstellen.[7] Schon Zensurbehörden hatten auf Verleger und Drucker ein scharfes Auge, weil es ratsam war, bei denen zu beginnen, die Übles erst durch seine Verbreitung schlimm machten. Autorschaften ließen sich dagegen oft schwerer nachweisen. Unter Romanschriftstellern und Dichtern ist der Gebrauch von Pseudonymen bis heute weit verbreitet, und in der Tagespresse erschienen Meldungen und Kommentare lange gänzlich anonym. Kennzeichnungen waren hier bis ins frühe 20. Jahrhundert hinein die Ausnahme – beim *Spiegel* übrigens sogar bis 1995.[8] Anders als beim Hamburger Politmagazin hing das bei Zeitungen zuvor auch damit zusammen, dass die meisten Artikel schlicht durch Cut and Paste zustande kamen.[9]

Durch Zitate und Zitate von Zitaten erhielten Neuigkeiten auf dem Faktenmarkt der Tageblätter so schon vor dem digitalen Zeitalter schnell eine große Reichweite. Als 1874 das novellierte Reichspressegesetz in Kraft trat, das den Wegfall von Kautionen, Steuern und Zensurauflagen verfügte und der Presse neue Freiheiten ermöglichte, stieg die Zahl von Rechtsprozessen gegen kolportierte Behauptungen und kritische Kommentare sofort steil an. Heikel waren insbesondere Berichte über Obrigkeit, Kirche und Militär. Untersuchungsrichter nutzten alle möglichen Tatbestände – von der Majestätsbeleidigung bis zum *Dolus eventualis*, «durch den selbst dort, wo der Wortlaut keinen direkten Angriffspunkt für eine Verurteilung bot, doch aus dem, was andere möglicherweise darunter verstanden haben könnten, gefolgert wurde, der Redakteur habe diese Wirkung eventuell gewollt» –, um Strafen gegen Verantwortliche zu verhängen, die das Impressum angab. Häufig beriefen Urteile gegen Pressevertreter sich zur Zeit des Kaiserreichs auch auf den *«Groben*

5 Handbuch des Presserechts, S. 102 f.

6 Ebd., S. 113 f.

7 Roger Chartier: Écouter les morts avec les yeux, Paris 2008, S. 49.

8 Dank an Klaus Brinkbäumer für die Auskunft.

9 Will Slauter: Who Owns the News? A History of Copyright, Standford 2019.

Unfug-Paragraphen des Strafgesetzbuchs».[10] Das erklärt, warum gerade die Journalistenzunft eine hohe Sensibilität für das Impressum an den Tag legte.

Im Umgang mit dem Druckvermerk bietet die Verlagswelt des 19. und frühen 20. Jahrhunderts in der Rückschau dadurch allerdings ein zwiespältiges Bild. Einerseits erscheinen auf dem Buchmarkt umfängliche Bände, die den Fortschritt preisen, sich der Förderung der Aufklärung verschreiben und die Früchte antiquarischer Studien ausbreiten, um fingierte Druckorte alter Schriften aufzuschlüsseln. In Leipzig bringt der Buchhändler Emil Weller, vom Freiheitssog der Revolution beflügelt, den *Katalog der seit dem 17. Jahrhundert bis auf die neueste Zeit unter falscher Firma erschienenen Schriften* heraus, dem bald ein ausführlicheres Repertorium *Die falschen und fingirten Druckorte* folgt.[11] Und ein Ex-Korrespondent des *Berliner Tageblatts* mustert später die erotische Literatur aller Zeiten und Völker durch, wobei ihn die frei ersonnenen, aber anspielungsreichen «Angaben über Ort und Zeit des Erscheinens» zuvorderst faszinieren: «A Condom, l'an des C... 10007», «A Libidinibus, chez Sensualité, à la Délicatesse, rue du Tempérament, 10308070 vieux style»[12] und so fort.

Andererseits bleibt auf dem anderen Schauplatz der Zeitungen das Impressum ein neuralgischer Punkt, da Redaktionen bestrebt sind, ihre kritischen Köpfe und Recherchelegenden vor der Justiz zu schützen. Viele nehmen subalterne Mitarbeiter deshalb zur Camouflage in die Pflicht. Rechtlich ist das möglich, weil es sich bei dem Konstrukt des verantwortlichen Redakteurs um eine «‹juristische Erfindung›» handelt, die Spielraum für Interpretationen lässt. Das nutzen Verleger, um so genannte «Sitzredakteure» zu nominieren, denen sie zumuten können, anstelle der eigentlich Verantwortlichen Haftstrafen abzusitzen.[13] Auch Minimallösungen – ein lapidarer Einzeiler zum Beispiel im liberalen *Berliner Börsen-Courier* von 1885 – sind erprobt.

Spuren dieser Mikropolitik der Schadensbegrenzung durch Selbstverleugnung lassen sich später, in den 1920er Jahren, auch noch in der Praxis vieler Blätter erkennen, den Pflichtvermerk als Kleinanzeige zu behandeln, die an Seitenrändern immer Platz findet, doch stets im Blatt umziehen muss, wenn andere Rubriken expandieren. Häufig rückt er dabei – wie in der *Frank-*

10 Geschichte der Frankfurter Zeitung 1856 bis 1906, hg. vom Verlag der Frankfurter Zeitung, Frankfurt/M. 1906, S. 732, 729.

11 Emil Weller: Katalog der seit dem 17. Jahrhunderte bis auf die neueste Zeit unter falscher Firma erschienenen Schriften, Leipzig 1849; ders.: Die falschen und fingirten Druckorte. Repertorium der seit Erfindung der Buchdruckerkunst unter falscher Firma erschienenen deutschen Schriften. Zugleich als der «maskirten Literatur» zweiter Theil, Leipzig 1858.

12 Bernhard Stern: Illustrierte Geschichte der erotischen Literatur aller Zeiten und Völker, Bd. 1, Wien/Leipzig 1908, S. 11–30, S. 11, 17.

13 Handbuch des Presserechts, S. 109; außerdem Hermann Mannheim: Preßrecht, Berlin 1927, S. 46–60.

mein verbindlich
Angestellten nach
dies bei der ge-
wurde nun im
In der Gewerbe-
Herr Hanel dem

Eine Runde zurück: Giorgetti-Rizetto 42 Punkte, Golle-Manthey 40 Punkte, Stellbrink-Koch 20 Punkte.

Verantwortlich für Politik: Ernst Reuter; Wirtschaft: Arthur Saternus; Gewerkschaftsbewegung: J. Steiner; Feuilleton: K. H. Döscher; Lokales und Sonstiges: Fritz Karstädt; Anzeigen: Th. Glocke; sämtlich in Berlin. Verlag: Vorwärts-Verlag G. m. b. H., Berlin. Druck: Vorwärts-Buchdruckerei und Verlagsanstalt Paul Singer u. Co., Berlin SW 68, Lindenstraße 3.

Berlin staunt
über Qualität und Billigkeit meiner bestbekannten
Sport- u. Jackenwolle per Pfund nur Mk. 6,50
Riesenhafte Farbenauswahl. Strumpfwolle, reines Kammgarn 100 Gramm 1,10 Mk. Ferner Zephir-, Krimmer- und Fischuwolle. Verkauf an jedermann, auch in kleinsten Quantitäten von 8-7 ununterbrochen.
Wollvertrieb Bahnhof Börse
An der Spandauer Brücke 7, im Hause Café Dobrin.

Artikel für Bockbierfeste
Karneval- und Vereinsartikel
Tombola-Gewinne,
-Lose und -Nieten
Pohl & Weber Nachflg.
Spittelmarkt 4/5 I
Verlangen Sie Preisliste Nr. 8

Zähne
Kronen :: Plomben
Brücken :: Gebisse

Abb. 1
Zwischen Starkbierfesten, Zahnplomben und Sportjacken. Das Impressum als redaktionelle Kleinanzeige. Vorwärts vom 20.1.1925, Abendausgabe, Nr. 33, S. 4.

furter Zeitung, dem *Berliner Tageblatt* oder dem *Vorwärts* – in die Nachbarschaft von Inseraten, die ihm leicht die Schau stehlen *(Abb. 1)*.

An der Presse unserer Tage fällt dagegen die ausufernde Epik des Impressums auf: die prominente Wiederkehr des Titelkopfs im Inneren des Blatts etwa im Fall der *ZEIT* und die majestätische Säulenflucht aus Kolumnen für die Endloslitanei der Sparten, Namen, Mailadressen und Telefonnummern, die das Kleingedruckte nur mehr braucht, um alle aus dem Redaktionsstab zu würdigen, die wichtig sind oder auch nur scheinen – einschließlich des *Editor-at-large* und anderer altgedienter Köpfe mit redaktionellen Operettentiteln, die hier noch einmal für den Status einen kleinen Auftritt haben, obwohl sie für das Blatt schon seit

DIE ZEIT

Gründungsverleger:
Gerd Bucerius (1906–1995)
Herausgeberrat:
Prof. Jutta Allmendinger, Dr. Nicola Leibinger-Kammüller, Zanny Minton Beddoes, Florian Illies, Dr. Josef Joffe
Ehemalige Herausgeber:
Dr. Marion Gräfin Dönhoff (1909–2002)
Helmut Schmidt (1918–2015)

Vorsitzender der Chefredaktionen des Zeitverlags und Chefredakteur:
Giovanni di Lorenzo
Stellvertretende Chefredakteure:
Moritz Müller-Wirth (Managing Editor), Sabine Rückert, Holger Stark, Bernd Ulrich
Mitglieder der Chefredaktion:
Malin Schulz, Tanja Stelzer, Jochen Wegner
Chef/in vom Dienst:
Iris Mainka (verantwortlich), Mark Spörrle

Chefreporter: Dr. Stefan Willeke
Textchef: Dr. Christof Siemes
Geschäftsführende Redakteure: Patrik Schwarz, Andreas Sentker
Internationaler Korrespondent: Matthias Naß
Redakteur für besondere Aufgaben: Hanns-Bruno Kammertöns
Redaktionsleiter Digitale Ausgaben: Götz Hamann
Parlamentarischer Korrespondent: Matthias Geis
Politik Hamburg/Berlin: Tina Hildebrandt/Dr. Heinrich Wefing (verantwortlich), Mark Schieritz (stellv.), Elisabeth Raether (Seite 3), Andrea Böhm, Alice Bota, Peter Dausend, Jörg Lau, Mariam Lau, Anna Mayr, Paul Middelhoff, Robert Pausch, Petra Pinzler, Jan Roß, Dr. Anna Sauerbrey (Außenpolitik), Samiha Shafy, Merlind Theile
Hauptstadtredaktion: Dorotheenstraße 33, 10117 Berlin, Tel.: 030/59 00 48-0, Fax: 030/59 00 00 40
Streit: Dr. Jochen Bittner/Martin Machowecz (verantwortlich), Stefan Schirmer (Korrespondent)
Dossier: Malte Henk/Wolfgang Uchatius (verantwortlich), Nadine Ahr, Moritz Aisslinger, Bastian Berbner, Kerstin Kohlenberg, Caterina Lobenstein, Tanja Stelzer (Autorin)
Leserbriefe: Dr. Christof Siemes (verantwortlich), Jutta Hoffritz
Geschichte: Christian Staas (verantwortlich)

Wirtschaft: Charlotte Parnack/Roman Pletter (verantwortlich), Thomas Fischermann, Sebastian Kempkens, Hannah Knuth, Dr. Ingo Malcher, Ann-Kathrin Nezik, Marcus Rohwetter, Dr. Kolja Rudzio, Claas Tatje, Marc Widmann
Green: Dr. Uwe J. Heuser (verantwortlich), Laura Cwiertnia (stellv.), Ricarda Richter
Unterhaltung: Cathrin Gilbert (verantwortlich)
Wissen: Simon Kerbusk/Andreas Sentker (verantwortlich), Rudi Novotny/Jeannette Otto/Johanna Schoener (stellv.), Anant Agarwala, Dr. Harro Albrecht, Dr. Ulrich Bahnsen, Hanna Grabbe, Fritz Habekuß, Stefanie Kara, Maximilian Probst, Yannick Ramsel, Arnfrid Schenk, Stefan Schmitt (Wissenschaftskorrespondent), Ulrich Schnabel, Dr. Anna-Lena Scholz, Jan Schweitzer, Martin Spiewak, Urs Willmann
Bildungspolitischer Korrespondent: Thomas Kerstan
Junge Leser: Katrin Hörnlein (verantwortlich), Pia Saunders
Feuilleton: Christine Lemke-Matwey/Volker Weidermann (verantwortlich), Dr. Hanno Rauterberg (stellv.), Alexander Cammann, Peter Kümmel, Ijoma Mangold (Kulturpolitischer Korrespondent), Dr. Peter Neumann, Katja Nicodemus, Nina Pauer, Iris Radisch, Dr. Thomas E. Schmidt (Kulturkorrespondent Berlin), Dr. Adam Soboczynski (Literatur; verantwortlich), Dr. Elisabeth von Thadden (Sinn & Verstand), Lars Weisbrod
Kulturreporter: Moritz von Uslar (Autor)
Glauben & Zweifeln: Evelyn Finger (verantwortlich)
Entdecken: Dorothée Stöbener/Britta Stuff (verantwortlich), Johannes Gernert (stellv.), Michael Allmaier, Karin Ceballos Betancur, Stefanie Flamm, Francesco Giammarco, Elke Michel, Merten Worthmann; Besondere Aufgaben: Jutta Hoffritz
Investigative Recherche/Daten:
Leitung: Holger Stark (Print)/Karsten Polke-Majewski (Online), Stellv. Leitung: Astrid Geisler (O)/Yassin Musharbash (P), Kai Biermann (O), Anne Kunze (P), Christina Schmidt (P), Tom Sundermann (O/Störungsmelder), Sascha Venohr (O), Fritz Zimmermann (P); Autor: Christian Fuchs
Verbrechen: Stephan Lebert (Reporter), Daniel Müller
ZEITmagazin:
Editorial Director: Christoph Amend; Chefredakteur: Sascha Chaimowicz; Stellv. Chefredaktion: Anna Kemper, Tillmann Prüfer, Emilia Smechowski; Creative Director: Mirko Borsche; Art Director: Jasmin Müller-Stoy; Textchefinnen: Christine Meffert, Annabel Wahba; Style Director: Claire Beermann; Redaktion: Anita Blasberg, Jörg Burger, Johannes Dudziak, Friederike Milbradt, Lena Niethammer, Johanna Palla, Khuê Pham, Ilka Piepgras, Jürgen von Rutenberg; Redaktionelle Koordination: Margit Stoffels; Gestaltung: Nina Bengtson, Mirko Merkel, Gianna Pfeifer; Bildredaktion: Milena Carstens (verantwortlich), Nora Hollstein;
Redaktion ZEITmagazin: Dorotheenstraße 33, 10117 Berlin, Tel.: 030/59 00 48-0, Fax: 030/59 00 00 39; E-Mail: zeitmagazin@zeit.de
Die ZEIT-App: Götz Hamann (Redaktionsleitung), Silke Weber (stellv.); Art-Direktion: Sören Dammann, Haika Hinze, Jasmin Müller-Stoy Betreiber: ZEIT Online GmbH
Verantwortlicher Redakteur Reportage: Henning Sußebach
Reporter: Wolfgang Bauer, Christiane Grefe, Ulrich Stock, Henning Sußebach

Autoren: Antonia Ba
Dieckmann, Christopl
Greiner, Jana Hensel,
Jungbluth, Dr. Navid
Dr. Wolfgang Lechne
Münchhausen, Gero
Schmidt-Häuer, Jana
Straßmann, Tobias Ti
Art-Direktion: Haik
Jan Kny/Jan Lichte (s
Gestaltung: Julika
Burgdorff, Mechthild
Beate Pietrek, Lydia
Infografik: Nora Coe
Jelka Lerche, Matthia
Bildredaktion: Amé
Schein (stellv.), Melar
Navina Reus, Vera Ta
Dokumentation: Mi
Dorothee Schöndorf,
Korrektorat: Thoma
Volker Hummel, Chris
Latza, Irina Mamula,
Schlussredaktion:
Frankfurter Redakt
60322 Frankfurt a. M.
E-Mail: buero-frankfu
Christ & Welt/ZEIT:
teur), Merle Schmale
korrespondent), Andı
(Koordinator ZEIT Sir
10707 Berlin; E-Mail:
Geschäftsführer: Dr.
Chefredakteur Län
ZEIT:Hamburg: Mar
lich), Viola Diem, Frar
Elbvertiefung), Oskar
ZEIT im Osten/Korr
(Büroleitung, verantw
Martin Nejezchleba;
Tel.: 0341/492 76 13-1
ZEIT:Österreich/ZE
(Büroleitung), Christi
E-Mail: florian.gasser
ZEIT:Schweiz: Mattl
Salome Müller, Hirsch
79/361 53 10, E-Mail: n
Europa-Redaktion:
Rue de la Loi 155, 104
Fax: 0032-2/230 64 9
Pariser Redaktion:
75016 Paris, E-Mail: m
Moskauer Redaktio
Kutusowskij Prospek
Tel.: 007-495/680 03

Abb. 2
Don Giovanni, der goldene Käfig und der redaktionelle Chor. Mit toter Gräfin, ewigem Staatsmann und ehemaligen, beratenden und ruhenden Herausgebern (Ensemble). Hamburger Operette «Impressum des ZEIT-Geistes». Kleiner Ausschnitt aus dem fünfspaltigen Impressum der Wochenzeitung «Die ZEIT» vom 17.11.2022.

geraumer Zeit nicht mehr federführend sind *(Abb. 2)*. Suggeriert wird zudem eine dauernde Verfügbarkeit bei Tag und Nacht. Der nominelle Massenauftritt bedeutender Ressortchefs und -chefinnen zeugt von längst gewonnener Gelassenheit gegenüber einer Justiz, die mit der Presse nur noch selten Streit sucht, aber vom gestiegenen Respekt vor volatilen Stammlesern, die auch durch ständige Bereitschaftsdienste umworben werden wollen.

Bildnachweis: Abb. 1: Vorwärts vom 20.1.1925, Abendausgabe, Nr. 33, S. 4. – Abb. 2: ZEIT vom 17.11.2022, Nr. 47, S. 52 (Detail).

Danilo Scholz

Bananen

Eine kleingedruckte Assoziation Europas

Der Anlass war feierlich, das Thema prosaisch, der Ton süffisant: Als Hans Magnus Enzensberger 2010 in Kopenhagen seine Dankesrede anlässlich der Verleihung des Sonning-Preises für besondere kulturelle Leistungen hielt, knöpfte er sich ein kontinentales Institutionengefüge vor. Der freie Geist schien es sichtlich zu genießen, seinen inneren Wutbürger vor dem dänischen Publikum einmal Gassi zu führen: «Was aber die Bewohner unseres Erdteils am meisten nervt, ist der Regelungswahn der Brüsseler Behörden.» Ob die Überschrift der in der *Frankfurter Allgemeinen Zeitung* abgedruckten Rede – «Wehrt Euch gegen die Bananendemokratie!» – auf Enzensberger zurückgeht, ist unsicher. Fraglos war sie als Aufruf zur Revolte angelegt – oder liebäugelte sie doch eher augenzwinkernd mit dem Simulakrum eines Schlachtrufes? «Wo kämen wir denn hin», polterte Enzensberger ergriffen von spielerisch ummantelter Erregung, «wenn unsere Bananen weniger als vierzehn Zentimeter lang wären!»[1] Bei Suhrkamp erschien später eine Langfassung des Textes unter einem anderen Titel, der zwischen Kinderbuchkarikatur («sanftes Monster») und Widerstandsgeste («Entmündigung Europas») balanciert.[2] Der Hinweis auf die vorschriftsmäßige Größe der Banane findet sich dort nicht mehr.

Möglicherweise war Enzensberger in der Zwischenzeit aufgegangen, welche Tradition seine Tirade wiederbelebt hatte. Das

1 Hans Magnus Enzensberger: Wehrt euch gegen die Bananenbürokratie!, in: Frankfurter Allgemeine Zeitung, 3. Februar 2010, S. 27.

2 Hans Magnus Enzensberger: Sanftes Monster Brüssel oder die Entmündigung Europas, Berlin 2011.

britische Boulevardblatt *The Sun* berichtete im September 1994 von einem ominösen neuen Gesetz, das Schreibtischtäter in Brüssel ausgeheckt hätten. Ab sofort seien nicht regelkonform «gekrümmte Bananen» in der EU verboten *(Abb. 1)*.[3] Bald darauf verbreitete sich auch in Deutschland die Meldung.[4] Und es dauerte nicht lange, bis die ersten EU-Abgeordneten merkten, wie viel Empörungskapital sich aus der inzwischen berüchtigten Verordnung schlagen ließ. Der englische Tory Daniel Hannan hakte bei der Kommission nach, wie sie gedenke, den «akzeptablen Krümmungsgrad» von Bananen juristisch durchzusetzen.[5] Im Vorfeld des Brexit-Referendums begründete Boris Johnson die Notwendigkeit, Europa den Rücken zu kehren, auch damit, dass es doch «absolut verrückt» sei, wenn Brüssel «uns» diktiere, wie ordnungsgemäße Bananen auszusehen hätten.[6] Als Korrespondent des *Daily Telegraph* hatte er die europäische Bananensaga bereits in den frühen 1990er Jahren journalistisch ausgebeutet.[7] Stein des Anstoßes war die Verordnung (EG) Nr. 2257/94 der Kommission vom 16. September 1994 zur Festsetzung von Qualitätsnormen für Bananen. Um in den europäischen Handel zu gelangen, müssen die Südfrüchte demnach mindestens 27 mm breit und, richtig, 140 mm lang sein. Zu den Auflagen gehört ferner, dass sie über einen «unversehrten, ungeknickte[n], nicht ausgetrocknete[n] Stiel» verfügen, «sauber», «praktisch frei von Schädlingen» sowie «fremdem Geruch» und – ganz wichtig – «frei von Missbildungen und anormaler Krümmung» sind.[8] Nur: Von einem bestimmten Krümmungsgrad ist nirgendwo die Rede.

War der Rundumschlag gegen die Richtlinien für Frischobst bloß die übliche, konventionell gestanzte Bürokratiekritik? Kann der Fall zu den Akten des hyperbolischen Sprechens gelegt werden? Das ginge am Wesentlichen der Sache vorbei. Wer über die «Entmündigung» durch Verordnungen Klage führt, will von der weltgeschichtlichen Größe der Herausforderungen, die im Kleingedruckten der Bananenregularien schlummern, nichts wissen. Bei der Verordnung (EG) Nr. 2257/94 geht es um nichts Geringeres als die politische Ökonomie Europas und das Verhältnis zu seinen ehemaligen Kolonien. Mit anderen Worten: Die Banane war ein Gradmesser für die geopolitische Selbstverortung des Kontinents.

3 Lucinda Evans: Now they've really gone bananas, in: The Sun, 21. September 1994.

4 Josef Joffe: Hegel und die Euroschnecke, in: Süddeutsche Zeitung, 15. Dezember 1997; ders.: Braun und brauner, in: Süddeutsche Zeitung, 2. Mai 1998.

5 Daniel Hannan: Schriftliche Anfrage E-2164/02 an die Kommission. Krümmung von Bananen (18. Juli 2002), abgedruckt in: Amtsblatt Nr. C 052 E vom 6. März 2003, S. 132f.

6 Zitiert in Jon Henley: Is the EU really dictating the shape of your bananas?, in: The Guardian, 11. Mai 2016.

7 Boris Johnson: Banana dilemma for EEC Commission, in: The Daily Telegraph, 19. März 1990, S. 27; ders.: Big bananas, little bananas and a whole jungle of banana skins, in: The Daily Telegraph, 19. Juli 1991, S. 19; ders.: EC faces banana imports battle, in: The Daily Telegraph, 27. Februar 1992, S. 6.

8 Verordnung (EG) Nr. 2257/94 der Kommission vom 16. September 1994 zur Festsetzung von Qualitätsnormen für Bananen.

Abb. 1
«The Sun cut out and keep guide». Verordnung (EG) Nr. 2257/94 im Schnittbogen des britischen Boulevards. The Sun, 21. September 1994.

Wie konnte Enzensberger das nur übersehen? Wie nur wenige deutsche Großdenker hatte er sich doch in den 1960er Jahren in seiner kritischen Take-Off-Phase darum verdient gemacht, im *Kursbuch* und anderen Orten den Belangen und Stimmen des globalen Südens eine Bühne zu bieten.[9] Er geißelte das «verwickelte Ausbeutungssystem der internationalen Rohstoffmärkte».[10] Die einstigen Überseebesitzungen in Afrika und der Karibik hatten in ihrem Kampf um Selbstbestimmung die europäische Vorherrschaft abgeschüttelt, nur um dann feststellen zu müssen, dass die politische Unabhängigkeit sie nicht aus dem Geflecht ungleicher Handelsbeziehungen zu befreien vermochte.[11] Sie waren noch immer dem «Druck ihrer reicheren Partner ausgeliefert», wie Enzensberger politisch urteilte.[12] Das Auftreten so manches europäischen Entscheidungsträgers in Afrika weise «nach wie vor spezifisch koloniale Züge» auf.[13]

Das Bananenprotokoll in den Römischen Verträgen

Ohne Bananen hätte die Europäische Wirtschaftsgemeinschaft (EWG) möglicherweise nie das Licht der Welt erblickt. Aus den Memoiren des belgischen Politikers Paul-Henri Spaak, in der Zeit von 1955 bis 1957 einer der entscheidenden Wegbereiter der Römischen Verträge, erfährt man von heillosen Zerwürfnissen zwischen den Vertretern der teilnehmenden Staaten. «Man stritt um den Zoll für Bananen, ohne müde zu werden, über einen Unterschied von wenigen Prozent. Ich war mit meiner Geduld am Ende.»[14] Dem Leiter der deutschen Delegation Alfred Müller-Armack blieben die Verhandlungen als heroisches Kräftemessen im Gedächtnis. In der Bananenfrage habe er bis zuletzt dagegengehalten. Und weiter: «Dass ich ausgerechnet den Bananenzoll zum Gegenstand hartnäckigen Widerstandes machte, gab leichten An-

9 Hans Magnus Enzensberger: Europäische Peripherie, in: Kursbuch 2, 1965, S. 154–173, wieder abgedruckt in: Deutschland, Deutschland unter anderm, Frankfurt/M. 1967, S. 152–176, hier S. 164: «Was die Arme Welt selber sagt, wird dagegen kaum zur Notiz genommen. Ihre Wortführer und Theoretiker werden kaum übersetzt, noch weniger gelesen. Kwama [sic] Nkrumah gilt als ein öder Schreihals, Fidel Castro als bärtiger Schwätzer. Frantz Fanon, dessen Schriften auf die afrikanische und asiatische Intelligenz einen enormen Einfluss ausüben, ist bei uns ein Unbekannter.»

10 Hans Magnus Enzensberger: Las Casas oder Ein Rückblick in die Zukunft, in: Bartolomé de Las Casas: Kurzgefasster Bericht von der Verwüstung der Westindischen Länder, Frankfurt/M. 1967, S. 131–165, wieder abgedruckt in ders.: Deutschland, Deutschland unter anderm, S. 123-151, hier S. 130.

11 Siehe dazu Sigrid Boysen in dieser Ausgabe.

12 Hans Magnus Enzensberger: Europäische Peripherie, S. 162.

13 Ebd., S. 161.

14 Paul-Henri Spaak: →

Abb. 2
An den Früchten und süßen Versprechen des Bürokratieabbaus erkennt – «ihr» – abendländische Wahlpolitik in der frühen Bundesrepublik. Plakat der CDU zur Kommunalwahl in Nordrhein-Westfalen, 1948.

lass, die Sache ins Lustig-Lächerliche zu ziehen, und ein ‹Ah, les bananes›, war die Anrede, die ich mir von Spaak und anderen Delegationsleitern in der Folgezeit recht häufig anhören musste.»[15] Dennoch dachte Müller-Armack gar nicht daran, klein beizugeben. Dem Vertrag zur Gründung der EWG wurde auf sein Drängen hin im Anhang ein «Bananen-Protokoll» beigefügt, das der Bundesrepublik ein bestimmtes «Jahreskontingent für die zollfreie Einfuhr» von Bananen zusicherte.[16] «Europa war gerettet», erinnerte sich Spaak an die eigene politische Energieleistung.[17]

Ist die Banane vielleicht nur deshalb so krumm, weil die beiden wichtigsten nach Hegemonie strebenden Strömungen in der Europäischen Wirtschaftsgemeinschaft an ihr zerrten?[18] Müller-Armack giftete, dass Spaak «bei aller gewinnenden Persönlichkeit gelegentlich den Sozialisten hervorkehrte», um sein «Mütchen an der marktwirtschaftlichen Tendenz, die ich zur Schau trug», zu kühlen.[19] Aus den Bananen machten die Deutschen ein Exempel, um zumindest einen ordoliberalen Pflock einzuschlagen und das Feld nicht kampflos dem französischen Dirigismus zu überlassen. So konnte die «deutsche Bananeneinfuhr auf völlig liberalisierter Basis» aufrechterhalten werden, wodurch der Bevölkerung in der prosperierenden Bundesrepublik «der Genuss eines preiswerten Volksnahrungsmittels» gesichert

→ Memoiren eines Europäers, Hamburg 1969, S. 320.

15 Alfred Müller-Armack: Auf dem Weg nach Europa. Erinnerungen und Ausblicke, Tübingen 1970, S. 189.

16 Vertrag zur Gründung der EWG: Protokoll über das Zollkontingent für die Einfuhr von Bananen, in: Bundesgesetzblatt 1957 II., 19. August 1957, Nr. 23, Bonn 1957.

17 Paul-Henri Spaak: Memoiren eines Europäers, S. 321.

18 Siehe auch Quinn Slobodian: The Globalists. The End of Empire and the Birth of Neoliberalism, Cambridge 2018, S. 192f.

19 Alfred Müller-Armack: Auf dem Weg nach Europa, S. 189.

Abb. 3
«Zonen-Gaby (17) im Glück (BRD).» Zum Krümmungswinkel altbundesrepublikanischen Humors. Cover des Satiremagazins «Titanic», November 1989.

wurde, wie Müller-Armack zufrieden resümierte.[20] Im Meer des europäischen Protektionismus wollten die liberalen Freibeuter wenigsten die Bundesrepublik als Bananen-Insel des Freihandels verteidigt haben.

Konsum war im Kalten Krieg immer auch Schaufenster im Kampf der Systeme *(Abb. 2)*. Erich Welter, der Gründungsherausgeber der F.A.Z., hatte den Anhängern der «Zwangswirtschaft», den «Vorkämpfern der Autarkie und des Primitivitätskults» bereits 1950 all die «Bananen» unter die Nase gerieben, die in der Bonner Republik allerorts erhältlich waren.[21] Einen vorläufigen Höhepunkt erreicht das Tête-à-Tête der Deutschen mit der exotischen Südfrucht im Zuge des Mauerfalls. Nach der Wiedervereinigung explodierte der jährliche Bananenkonsum in den neuen Bundesländern binnen eines Jahres von 3,1 auf 22,5 kg, 50 Prozent mehr als im Westen.[22] Die Banane war nicht nur die Frucht des Freihandels, sondern der Freiheit *tout court*: Die *Titanic* konnte mit «Zonen-Gaby» – die Dauerwelle zur Wende – ein epochales Cover schaffen und der von den Grünen kurz zuvor in die SPD übergelaufene Otto Schily die Frage nach den Ursachen für den Erfolg der CDU in der ersten freien Volkskammerwahl beantworten, indem er kurzerhand eine Banane in die Fernsehkameras hielt *(Abb. 3)*.

20 Alfred Müller-Armack: Vorwort, in: Reinhold Biskup, Ronald Clapham und Joachim Starbatty: Das Bananen-Protokoll im EWG-Vertrag: Seine Bedeutung und die Prüfung von Änderungsabsichten, mit einem Vorwort von Alfred Müller-Armack, Köln 1966, S. 1.

21 Erich Welter: Die wirtschaftspolitische Linie, in: Frankfurter Allgemeine Zeitung, 25. Februar 1950, S. 7.

22 Hans-Christoph Behr und Wilhelm Ellinger: Die Bananenmarktordnung und ihre Folgen. Zentrale Markt- und Preisberichtstelle, Bonn 1993, S. 13.

Vom französischen Kolonialreich zur europäischen Entwicklungshilfe

Deutschlands Bananenpolitik war der liberale Ausnahmefall. In Italien, das seine Bananen überwiegend aus Somalia bezog, unterlag die Versorgung von 1935 bis 1964 einem staatlichen Monopol. In Frankreich war die Lage noch komplizierter, weil die Regierung auf der Einbeziehung der französischen Überseebesitzungen bestand. Es war längst ein offenes Geheimnis, dass Frankreich die finanziellen Lasten seines Kolonialreiches nicht mehr allein bewältigen konnte und sie deshalb gerne auf den Schultern seiner europäischen Partner verteilen wollte. Nach den Vorstellungen der Regierung in Paris sollte sich die EWG entweder bis nach Afrika erstrecken oder gar nicht erst zustande kommen. Um den Kolonien keine Vollmitgliedschaft und die damit einhergehenden Rechte in Aussicht stellen zu müssen, einigten sich die Verhandlungsführer auf den sogenannten Assoziiertenstatus. Die Zusage zur Assoziation der Kolonien und Überseeterritorien ließ sich Müller-Armack im kleinen europäischen Tauschhandel nur abpressen, weil Frankreich das Bananen-Protokoll durchwinkte.[23]

Die Deutschen hatten wenig Neigung, sich in die Dekolonisierungskonflikte des Nachbarlandes hineinziehen zu lassen.[24] Frankreich deckte fast seinen gesamten Bananenbedarf aus seinen Auslandsbesitzungen Kamerun, der Elfenbeinküste, Madagaskar, Martinique und Guadeloupe. Diese assoziierten Staaten bekamen Präferenzzölle, alle anderen («Drittstaaten») wurden durch hohe Zollmauern ferngehalten. Über diese Marktorganisation wachte das Comité interprofessionnel bananier (CIB), das Höchstpreise und monatliche Einfuhrmengen festsetzte. Rechnete die französische Regierung allen Ernstes damit, dass die europäischen Partner dem porösen Kolonialreich unter die Arme greifen würden, etwa durch Abnahmeverpflichtungen für afrikanische Bananen?[25]

Gottfried Haberler stellte dem französischen Einfluss auf die EWG ein verheerendes Zeugnis aus. Durch die Assoziation seiner (Ex-)Kolonien in Afrika und der Überseedepartements in der Karibik schaffe Frankreich einen handelspolitischen Präzedenzfall für den Gemeinsamem Markt. Die assoziierten Staaten hät-

23 Vgl. Reinhold Biskup, Ronald Clapham und Joachim Starbatty: Dirigismus versus Marktwirtschaft in der EWG. Das Beispiel der europäischen Bananeneinfuhr, mit einem Vorwort von Alfred Müller-Armack, Köln 1968, S. 18: Die Autoren insistieren darauf, dass «das Bananen-Protokoll ebenso Bestandteil des EWG-Vertrags ist wie die Assoziierung der überseeischen Länder und Hoheitsgebiete. Beide Vertragsteile stellen gleichermaßen die kodifizierte Anerkennung wirtschaftlicher und politischer Interessenlagen dar.»

24 Ernst Kobbert: Wirtschaftsgemeinschaft und ihr Commonwealth, in: Frankfurter Allgemeine Zeitung, 9. November 1960, S. 25.

25 Nordafrika erschwert die Europa-Gespräche, in: Frankfurter Allgemeine Zeitung, 19. Februar 1957, S. 1.

ten das Recht, «Bananen zollfrei» zu verkaufen, während alle anderen Länder «unter den Zoll fallen». Für den liberalen Ökonomen war dies «eine Diskriminierung ohne jeden wirtschaftlichen Sinn», die vom Rest der Welt «übel vermerkt wird».[26] Das gesamte System war zudem auf die Metropole zugeschnitten, denn die Importe aus assoziierten Staaten konnten zumeist in CFA-Francs, einem an die französische Landeswährung gekoppelten Zahlungsmittel, beglichen werden: Die spärlichen Dollarreserven mussten nicht angetastet werden, die französische Zahlungsbilanz wurde stabilisiert.[27] Beim Lesen der französischen Memoranden zum Handel mit Entwicklungsländern beschlich Haberler der Eindruck, «die Ausarbeitung eines sowjetischen Ökonomen vor sich zu haben».[28]

Als Kommissionspräsident wollte Walter Hallstein zwischen den Fronten vermitteln, verbat sich dabei jedoch jegliche Prinzipienreiterei. Wer das Banner globaler Handelsliberalisierung hisse, drücke sich vor historischer Verantwortung. Aus der kolonialen Zeit, so Hallstein, seien «Bindungen erhalten geblieben, die von der Gemeinschaft nicht einfach zugunsten einer kosmopolitischen, unterschiedslos humanitären und schwerpunktlosen Politik aufgegeben werden können». Das freie Spiel von Angebot und Nachfrage, so weit pflichtete Hallstein der französischen Position bei, befördere die Länder der Dritten Welt, die ihren Konkurrenten in den Industriestaaten wenig entgegenzusetzen hatten, möglicherweise endgültig ins Abseits. Dieses Spiel lässt Monokulturen aus dem Boden schießen, die zur Folge haben, dass sich das Wohlergehen Afrikas «um den Erfolg oder den Misserfolg der Ernte» von «nicht mehr als vier oder fünf Produkten» dreht.[29] Nicht nur bei der Bananeneinfuhr ging die Kolonialpolitik fließend in Entwicklungshilfe über.

Afrikas Zukunft – mit oder gegen Europa?

Während der Verhandlungen über die Römischen Verträge zeigten sich die zunächst skeptischen Repräsentanten der Bundesrepublik beeindruckt von Félix Houphouët-Boigny. Der Politiker aus der Elfenbeinküste warb leidenschaftlich für die Vorzüge möglichst enger euro-afrikanischer Beziehungen. «Wir alle», notierte Müller-Armack, «waren von der Souveränität, dem Ernst,

26 Gottfried Haberler: Regionaler Zollabbau genügt nicht, in: Frankfurter Allgemeine Zeitung, 8. Juni 1963, S. 5.

27 Gilbert Mathieu: L'Afrique noire. II. Espoirs sous conditions, in: Le Monde, 25. September 1958.

28 Zitiert in Rudolf Reinhardt: Kennedy-Runde hilft Entwicklungsländern, in: Frankfurter Allgemeine Zeitung, 13. April 1964, S. 17.

29 Walter Hallstein: Europäische Afrikapolitik, in: Frankfurter Allgemeine Zeitung, 10. Mai 1961, S. 11.

der seltenen Paarung von Begeisterung für die afrikanische Sache mit einer persönlichen Bescheidenheit auf das Tiefste beeindruckt.»[30] Solche in sanftes Licht getauchte Reminiszenzen sollten nicht darüber hinwegtäuschen, dass Afrika für Westeuropäer 1957 bei den Gipfeltreffen kein eigenständiger Akteur war, sondern Verhandlungsgegenstand.

Für Frantz Fanon war das nur ein weiterer Beleg dafür, dass Afrikas Weg in die Zukunft verstellt bleibt, solange der Kontinent keinen radikalen Bruch mit Europa vollzieht. Da hatte sich der auf Martinique geborene und in Frankreich ausgebildete Psychiater längst der revolutionären algerischen Befreiungsbewegung FLN angeschlossen und es sich zur Mission gemacht, einen ganzen Erdteil wachzurütteln: «Wir können heute alles tun, vorausgesetzt, dass wir nicht Europa nachäffen», schärfte er sich und seinen Kampfgenossen ein. Wer Afrika in ein «neues Europa verwandeln» wolle, könne «die Geschicke unserer Länder» auch gleich «den Europäern» anvertrauen.[31]

Auch Kwame Nkrumah, der 1957 der erste Präsident des unabhängigen Ghana wurde, wollte Europa auf Abstand halten. Europa blicke auf die afrikanischen Staaten vor allem als «Rohstofflieferanten». Gewünscht seien Agrarerzeugnisse, aber kaum industrielle Fertigung, die eine ungleich höhere Wertschöpfung verspreche. Indem die EWG streng zwischen assoziierten Staaten und Drittländern unterscheidet, befeure sie die imperialistische Logik des Teile & Herrsche. Europas Erfüllungsgehilfen werden Hilfszahlungen in Aussicht gestellt, alle anderen mit hohen Zöllen auf Distanz gehalten – so funktioniere der «Neo-Kolonialismus des europäischen Gemeinsamen Marktes».[32] Nkrumah legte den jungen afrikanischen Staaten nahe, sich ihrerseits zu einem gemeinsamen Markt zusammenzuschließen, um den innerafrikanischen Handel zu stärken. Nur mit einem solchen Binnenmarkt kann die afrikanische Landwirtschaft bei Agrarerzeugnissen wie Bananen auf die globale Preisbildung einwirken, wie es später die OPEC-Staaten im Ölsektor erfolgreich vormachen sollten.

Félix Houphouët-Boigny hielt vom Panafrikanismus Nkrumahs nichts. Wolle man den «afrikanischen Massen» zu einem höheren Lebensstandard verhelfen, führe kein Weg an den «aus-

30 Müller-Armack: Auf dem Weg nach Europa, S. 186.

31 Frantz Fanon: Die Verdammten dieser Erde, Reinbek 1969 (im Original 1961), S. 239–242. Übersetzung modifiziert. Diese Passage zitiert im Übrigen auch Enzensberger in: Europäische Peripherie, S. 165.

32 Kwame Nkrumah: Africa Must Unite, New York 1963, S. 160 f.

ländischen Kapitalisten» vorbei.[33] Er ließ sich im April 1957 auf eine Wette mit seinem Rivalen Nkrumah ein. Welches Land würde in zehn Jahren wohl wirtschaftlich besser dastehen – Ghana mit seiner sozialistisch anmutenden Wirtschaftsplanung oder die marktfreundliche, nach Europa schielende Elfenbeinküste?[34] Als Nkrumah die Wette verlor, war er nicht mehr in Amt und Würden: 1966 zwang ihn ein Staatsstreich ins Exil. Der Sieger Houphouët-Boigny wiederum sollte sich fast noch dreißig weitere Jahre an die Macht klammern. So scharf sich Nkrumahs Rhetorik mitunter ausnahm, dem rasanten Anstieg ghanaischer Exporte in die EWG-Staaten tat sie keinen Abbruch. Der alte Widerstand gegen engere wirtschaftliche Beziehungen zu Brüssel schwand, bis das Land 1975 schließlich auch offiziell eine «Partnerschaft» mit der EWG einging.

Der deutsche Markt blieb der afrikanischen Banane weitgehend verschlossen, obwohl sich die Bundesrepublik im Bananen-Protokoll auch ihrer Förderung verschrieben hatte.[35] Landwirtschaftsvertreter aus der Elfenbeinküste, in den sechziger Jahren immerhin der weltweit fünftgrößte Produzent von Bananen, mahnten immer wieder die Einhaltung der Zusagen an. Auch die Kommission in Brüssel appellierte an die deutschen Obstimporteure, mehr Bananen aus den assoziierten Ländern, also vor allem aus Afrika, einzuführen. Das Flehen war vergebens: Dem Gaumen der deutschen Verbraucher munde die afrikanische Banane einfach nicht. Außerdem lasse die Zuverlässigkeit der afrikanischen Exporteure zu wünschen übrig. «Man kann nicht ein Bananenschiff mal eben umleiten, weil irgendwo ein paar Pflanzer eine kleine Menge Stauden abgeben möchten», urteilte ein Leitartikler von der Kommandobrücke der F.A.Z.[36]

Solche Einwände wollte der Präsident des Niger nicht hinnehmen: «Warum lassen sich südamerikanische Bananen in Europa leichter absetzen als afrikanische, die genauso gut sind?»[37] Walter Scheel, Bundesminister für wirtschaftliche Zusammenarbeit, gestand offen ein, dass eine strukturelle Schieflage im Welthandel dahinterstand. Der Umgang mit der Dritten Welt – konnte man in grauen Papieren mit wohlklingenden Verlautbarungen aus dem Scheel-Ministerium lesen – sei die Kardinalfrage liberaler Wirtschaftspolitik. «Wir werden nicht mehr lange auf Ver-

33 Rapport sur l'avenir de la Communauté présenté par M. Félix Houphouët-Boigny au Congrès extraordinaire du Rassemblement Démocratique Africain, Abidjan, 3–5 septembre 1959, in: Chronique de politique étrangère. 14, Nr. 1–3, Januar-Mai 1961, S. 404–416, hier S. 410.

34 Ama Biney: The Political and Social Thought of Kwame Nkrumah, New York 2011, S. 3.

35 Vertrag zur Gründung der EWG: Protokoll über das Zollkontingent für die Einfuhr von Bananen: Dort erklärt sich die Bundesrepublik dazu bereit, die Maßnahmen zu unterstützen, «die von privater deutscher Seite zur Förderung des Verkaufs von Bananen aus assoziierten überseeischen Ländern und Hoheitsgebieten innerhalb der Bundesrepublik getroffen werden könnten».

36 Jochen Rudolph: Am Beispiel Bananen, in: Frankfurter Allgemeine Zeitung, 28. März 1966, S. 23.

37 Hans Herbert Götz: Die armen und die reichen Länder in Westafrika. Gespräch mit dem Ministerpräsidenten von Niger, Hamani Diori, in: Frankfurter Allgemeine Zeitung, 5. Dezember 1972, S. 5.

ständnis für unsere Glaubenssätze von freier Wirtschaft und vom freien Marktmechanismus rechnen können, wenn diese nicht gleichzeitig auch ein wirksames Mittel gegen die fortschreitende Verarmung in den Entwicklungsländern bieten.»[38]

Afrikanische Staatsvertreter erhielten bei Verhandlungen in Brüssel kostenlose Lektionen aus der subventionierten Ökonomie eines abgeschotteten Handelsraumes, wenn Europas Diplomaten mit dem Hinweis auf die Weltmarktkonkurrenz mal wieder Effizienzsteigerungen und Kostensenkungen einforderten, während der Weizen aus der EWG fast 50 Prozent teurer als andernorts ist, ganz zu schweigen vom Zucker aus Zuckerrüben, der auf wundersame Weise auch dann Abnehmer findet, wenn er mit 400 Prozent mehr als Rohrzucker aus den Antillen zu Buche schlägt.[39] Wie sollte man afrikanischen Bauern Vorträge über die Segnungen des Freihandels halten, da Europas Landwirtschaft ein einziges Zuschussgeschäft war? Das liberale Dilemma war offensichtlich.

Die Lateinamerika-Connection

Wie war es um die Länder bestellt, die den deutschen Markt mit Bananen belieferten? Die Verfechter des Freihandels hatten schlagende Argumente auf ihrer Seite. Afrikanischen und karibischen Ex-Kolonien Handelspräferenzen zuzugestehen, die man sogenannten Drittländern vorenthält, liefe darauf hinaus, arme Nationen gegeneinander auszuspielen. Alfred Müller-Armack hatte sich auf die Fahnen geschrieben, neben den Bedürfnissen der Konsumenten in der Bundesrepublik auch die «Interessen der mittel- und südamerikanischen Exportländer» zu berücksichtigen, «die in hohem Maße auf diese Bananenausfuhr angewiesen waren».[40] Die deutschen Bananenimporte stammten überwiegend aus solchen Drittländern in Lateinamerika, aus Kolumbien, Honduras, Guatemala, in späteren Jahren dann auch zunehmend aus Ecuador. Den lateinamerikanischen Markt hatten jedoch nicht lokale Produzenten unter sich aufgeteilt; er gehörte traditionell zum kapitalistischen Vorhof US-amerikanischer Unternehmen, weswegen man auch von «Dollarbananen» sprach. Keine dieser Firmen erlangte eine auch nur annähernd so notorische Berühmtheit wie die United Fruit Company. Dieser Mutter aller

38 Walter Scheel: Neue Wege deutscher Entwicklungspolitik, Bonn 1966, S. 15.

39 Philippe Decraene: Aide aux pays sous-développés et nouveau pacte colonial, in: Le Monde, 2. Januar 1967.

40 Alfred Müller-Armack: Vorwort, in: Biskup, Clapham und Starbatty: Dirigismus versus Marktwirtschaft in der EWG, S. 5.

41 Gabriel García Márquez lässt eine Figur über die Umtriebe eines der United Fruit nachempfundenen US-Unternehmens seufzen: «Seht, was wir uns damit eingebrockt haben», dass wir «einen Gringo zum Bananenessen eingeladen haben». Gabriel García Márquez: Hundert Jahre Einsamkeit, Köln 1970 (im Original 1967), S. 266. Übersetzung modifiziert.

42 Peter Chapman: Bananas. How The United Fruit Company Shaped the World, Edinburgh 2007.

43 Vgl. auch Mario Vargas Llosa: Harte Jahre, Berlin 2020, S. 18 f: Jedwedes Bemühen, «das Land in eine moderne Demokratie zu überführen», gibt Bernays in Vargas Llosas Roman zu Protokoll, ist, «machen wir uns nichts vor, für die Company von großem Nachteil».

Abb. 4
Die Brüder Dulles auf der «payroll», Präsident Eisenhower auf der Bombe und der Putsch in Guatemala als Propagandastück sozialistischer Historienmalerei. Ölbild des mexikanischen Künstlers Diego Rivera, «Gloriosa Victoria» (1954). Besucher beim Betrachten im Palacio de Bellas Artes, Mexiko (City), 28. September 2007.

modernen multinationalen Konzerne verdankt die Welt das Wort «Bananenrepublik».[41]

In Lateinamerika ähnelte der Kampf um die Banane militärischen Kampagnen. Als die Behörden in Honduras 1911 nicht das Entgegenkommen zeigten, das sich die United Fruit erhofft hatte, wendete die Firma Guerillamethoden an. Sam Zemurray, ein Geschäftspartner vor Ort, der anschließend zum Konzernchef aufstieg, rekrutierte US-Söldner, um gegen den Präsidenten des Landes zu putschen.[42] 1954 sah die United Fruit ihr Geschäftsmodell in Guatemala durch eine Bodenreform und höhere Steuersätze infrage gestellt. So fiel der Beschluss, den Präsidenten Jacobo Árbenz aus dem Amt zu jagen. Lanciert hatte diese Kampagne Edward Bernays, der Neffe Sigmund Freuds, den United Fruit als Public-Relations-Experten angeheuert hatte.[43] Und es schadete dem Unternehmen sicher auch nicht, dass das Brüderpaar Dulles in amerikanischen Führungspositionen war – John Foster als Außenminister und Allen als CIA-Chef –, denn beide waren zuvor als Rechtsbeistände für United Fruit tätig. Es kam in Guatemala zum Putsch, die Reformmaßnahmen wurden wieder kassiert *(Abb. 4)*.

Abb. 5
«Bananas». Firmenpolitik im Zeichen des Schießeisens. Logo der United Fruit Co.

Von den Manövern des Konzerns konnte sich auch der junge Che Guevara aus eigener Anschauung ein Bild machen. Die Eindrücke, die seine Reise durch Guatemala hinterließen, hielt er 1953 in einem Brief fest. So groß war die Erschütterung über diesen «kapitalistischen Kraken», dass er vor einem Bild des verstorbenen «Genossen Stalin» schwor, nicht eher zu ruhen, bis solche Ungeheuer endgültig «ausgelöscht» sind.[44] United Fruit stellte 1961 großzügigerweise ein paar Schiffe der Unternehmensflotte zur Verfügung, damit Exilkubaner mithilfe der CIA in der Schweinebucht landen, um Castros Regime zu stürzen. Der Rest ist bekannt.

Im dramatischen Protokollstil könnte man die Geschichte der Company weitererzählen *(Abb. 5)*. Eli Black, seit 1969 Chef von United Fruit, sprang im Februar 1975 aus dem Fenster seines Büros im New Yorker Pan Am Building. Zu jener Zeit drohte ans Licht zu kommen, dass Black dem Präsidenten von Honduras Bestechungsgelder in Höhe von 1,25 Millionen Dollar zukommen ließ, um die Gründung eines konkurrierenden lateinamerikanischen Bananenkartells zu hintertreiben. Der chilenische Dichter Pablo Neruda – dessen *Poésie impure* 1968 der junge Enzensberger vom Spanischen ins Deutsche übertragen hatte – hat das Schurkenstück der United Fruit Company in einen «großen Gesang» überführt, nicht ohne rührseliges anti-imperialistisches Pathos: Die United Fruit Company «reservierte sich das Beste, / die Zentralküste meines Kontinents, / Amerikas lieblichen Gürtel. / Sie

44 Che Guevara an seine Tante Beatriz, Brief vom 10. Dezember 1953, zitiert in Jon Lee Anderson: Che Guevara. A Revolutionary Life, überarbeitete Auflage, New York 2010, S. 121.

taufte ihre Ländereien / in ‹Bananen-Republiken› um / […] sie unterband die ungeschriebenen Rechte, / verschenkte Cäsarenkronen, /beschwor den Neid herauf, lockte herbei / die Diktatur der Schmeißfliegen».[45]

In der Bundesrepublik kam United Fruit Mitte der 1960er Jahre auf einen Marktanteil von 35 Prozent, im Jahr 1968 sogar auf 40 Prozent. Die Vorhaltung, unter dem Deckmantel des Freihandels belohne Deutschland Dumpinglöhne auf den lateinamerikanischen Plantagen, blieb nicht unkommentiert. Von der Warte des Weltmarktes aus betrachtet, so ordoliberale Ökonomen, bedeuteten «niedrigere[n] Löhne[n]» einen «Kostenvorteil».[46] Die Brüsseler Kommission sah sich im darauffolgenden Jahrzehnt gezwungen, aufgrund der dominierenden Stellung des Konzerns, der sich inzwischen in United Brands umbenannt hatte (woraus schließlich Chiquita werden sollte), eine Untersuchung einzuleiten. Der Europäische Gerichtshof sollte klären, ob hier kartellähnliches Verhalten und ein Monopol vorlagen. Diese Frage wurde 1978 nicht zuletzt deswegen juristisch bejaht, weil über den US-Multi zeitweilig 45 Prozent der Bananenimporte im vereinten Europa liefen.[47]

Bananenkrieg

Die Mindestgröße für Bananen, die Hans Magnus Enzensberger so nachhaltig irritierte, ist damit jedoch nicht hinreichend ergründet. In den 1990er Jahren wurde Alfred Müller-Armacks schlimmster Albtraum Wirklichkeit: Die Banane wurde zur europäischen Frucht erklärt.[48] Frankreich hatte schon geraume Zeit auf diese offizielle Anerkennung gedrungen, waren die Departements Martinique und Guadeloupe doch formal gesehen französisches Hoheitsgebiet. Den Ausschlag gab indes die EG-Erweiterung: Griechenland stieß 1981 zum europäischen Club, Spanien und Portugal folgten 1986 nach. Nun wurden auch auf Madeira, den Azoren, Kreta und den Kanarischen Inseln sowie in Lakonien und der Algarve «Gemeinschaftsbananen» angebaut. Da sie in Quantität, Qualität und Größe gegenüber ihren internationalen Mitbewerbern jedoch oft das Nachsehen hatten, griff Brüssel zu Kniffen im Kleingedruckten. Bei der Ausarbeitung der Vermarktungsnormen hatte man nämlich vorrangig «Bananen aus der

45 Pablo Neruda: Die United Fruit Company, in ders.: Der große Gesang – Canto General, Berlin (Ost) 1953 (im Original 1950), S. 257.

46 Biskup, Clapham und Starbatty: Das Bananen-Protokoll im EWG-Vertrag, S. 91.

47 Judgment of the Court of 14 February 1978. United Brands Company and United Brands Continentaal BV v Commission of the European Communities. Chiquita Bananas. Case 27/76.

48 Müller-Armack: Auf dem Weg nach Europa, S. 190: «Angriffe auf das Bananen-Protokoll wurden unternommen; aber es war so präzise abgefasst, dass Versuche der französischen Seite, angesichts der Pflanzungen in den Départements d'Outre-Mer, Guadeloupe und Martinique, die Banane als eine ‹spezifisch europäische Frucht› zu erklären, sich nicht durchzusetzen vermochten.»

Union» im Sinn, «deren Qualität noch weiter verbessert werden sollte».[49] Die Mindestgröße war ein Ansporn für die europäische Banane, über sich hinauszuwachsen – und ein Eingeständnis, wie langwierig, wenn nicht sogar aussichtslos so eine Aufholjagd sein würde. «Schwierige Produktionsbedingungen» aufgrund «klimatischer Einflüsse» können dazu führen, dass die Bananen aus der EG «nicht die vorgeschriebene Mindestlänge erreichen.» Aus dem Verkehr gezogen werden sie deshalb aber nicht, sondern lediglich herabgestuft in die «Güteklasse II».[50]

Die Vollendung des Binnenmarktes zum 1. Januar 1993 machte es erforderlich, den europäischen Flickenteppich bei der Bananeneinfuhr einer grundlegenden Revision zu unterziehen und das Verhältnis zwischen der «Gemeinschaftsbanane», der «AKP-Banane» aus den ehemaligen Kolonien in Asien, der Karibik und dem Pazifischen Raum sowie der lateinamerikanischen «Dollarbanane» auf eine festere Grundlage zu stellen.[51] Die Streitfragen, die zum Bananenprotokoll in den Römischen Verträgen geführt hatten, waren auf europäischer Ebene nach wie vor nicht gelöst: Sollte man das deutsche Freihandelsmodell verallgemeinern, so dass sich jeder Erzeuger unter gleichen Bedingungen auf dem nunmehr offenen europäischen Markt behaupten musste, oder war es vielmehr ratsam, das französische Modell einer Privilegierung der AKP-Staaten auf die gesamte EU auszuweiten? Die französische Option, so viel stand bald fest, wäre gleichbedeutend mit einer Deckelung der Einfuhr von «Dollarbananen» aus Lateinamerika.

Liberale aller Couleur liefen gegen den französischen Dirigismus Sturm. Otto Graf Lambsdorff warnte vor einer «Festung Europa» – wobei er damit die Migration von Waren, nicht von Menschen im Sinn hatte. So würdigten Ideologen, die aus «preiswerter» Kohle «südafrikanische Kohle» machten, als wäre diese «noch nicht von der Apartheid gereinigt», nun eine Banane aus Lateinamerika, die einfach «besser schmeckt», zur ‹Dollar-Banane» herab, entrüstete sich in alter Unbefangenheit der liberale Graf.[52] Sein ungleich sensibleres Sprachempfinden stellte das liberale Lager unter Beweis, als es die in den französischen Überseedepartements und den AKP-Staaten produzierten Schälfrüchte zu «Kolonialbananen» umtaufte, die dem deut-

49 Durchführungsverordnung (EU) Nr. 1333/2011 der Kommission vom 19. Dezember 2011 zur Festsetzung von Vermarktungsnormen für Bananen, von Bestimmungen zur Kontrolle der Einhaltung dieser Vermarktungsnormen und von Anforderungen an Mitteilungen im Bananensektor.

50 Verordnung (EG) Nr. 2257/94 der Kommission vom 16. September 1994 zur Festsetzung von Qualitätsnormen für Bananen.

51 Der Begriff der AKP-Staaten bürgerte sich mit Abschluss des Lomé-Abkommens 1975 ein, das die Beziehungen zwischen der Europäischen Gemeinschaft und den ehemaligen Kolonien neu ordnete. Mit dem EG-Beitritt Großbritanniens 1973 wurden nicht nur die Commonwealth-Staaten, sondern insgesamt 77 Entwicklungsländer in die bis dato umfassendste Nord-Süd-Handelsvereinbarung einbezogen.

52 Otto Graf Lambsdorff: Festungsbau verhindern, in: Frankfurter Allgemeine Zeitung, 2. Februar 1992, S. B2.

schen Verbraucher aufgezwungen werden sollen, obwohl sie kleiner, teurer und angeblich weniger schmackhaft sind. Der französische Kommissionpräsident Jacques Delors plane mit Abnahmegarantien nichts anderes als ein «Bananendiktat».[53] Damit nicht genug, war nicht einmal auf liberale Bundesgenossen in Europa Verlass. Die marktradikale Margaret Thatcher dachte nämlich gar nicht daran, am Zollgerüst zu rütteln und gelobte 1987, alles dafür zu tun, damit Commonwealth-Staaten wie Jamaika und andere ehemaligen Kolonien in der Karibik «weiterhin in den Genuss der Präferenzregelung für Bananen» kommen; von dieser Linie wich auch ihr Nachfolger John Major nicht ab.[54]

Alsbald überschlugen sich die Ereignisse. Erst scheiterte eine Klage der Bundesregierung gegen die EU-Bananenmarktordnung, dann wurden auch die führenden deutschen Bananenhändler, die gegen Brüssel prozessierten, von den Richtern am Europäischen Gerichtshof und am Bundesverfassungsgericht abgewiesen. Die Vereinigten Staaten legten bei der WTO eine Beschwerde ein, der sich Guatemala, Mexiko und Honduras anschlossen. Zwar ist die USA kein Bananenexporteur, aber dort sind die Bananen-Multis angesiedelt, bei denen seit der United Fruit-Ära die Fäden des lateinamerikanischen Exportgeschäfts zusammenlaufen.

Kollateralschäden machten sich auch jenseits der EU bemerkbar: Der Bananenstreit drohte die 1995 ins Leben gerufene WTO zur Implosion zu bringen, nachdem das GATT im Zuge der sogenannten Uruguay-Runde erstmals auch die Landwirtschaft in die globalen Liberalisierungsbemühungen einbezogen hatte. Damit holte sich die Welthandelspolitik einen Sack voller Probleme ins Haus, wie sich im Bananenstreit zeigte. Dass die WTO-Streitbeilegungsverfahren noch nicht eingespielt waren, nutzten amerikanische und europäische Unterhändler aus – und schadeten so dem Ansehen der jungen Institution. Der Zwist wuchs sich zu einem veritablen «Bananenkrieg» aus, der erhebliche Verstimmungen im transatlantischen Verhältnis nach sich zog. Der Schiedsspruch der WTO gab den USA Recht, womit diese sich aber nicht zufriedengeben wollten. Präsident Bill Clinton vergaß für den Augenblick den demokratischen Lebemann und schlug 1999 handelspolitisch um sich. Pecorino-Käse, Kaschmirpul-

53 Vgl. auch Bernd-Artin Wessels: Das Bananen-Diktat. Plädoyer für einen freien Außenhandel Europas, Frankfurt/M. 1995.

54 Zitiert nach Peter Clegg: The Caribbean Banana Trade. From Colonialism to Globalisation, Basingstoke 2002, S. 125f.

lover und Luxushandtaschen aus der EU sollten mit saftigen Sanktionen belegt werden, um Druck auf Europa auszuüben.

Jene EU-Staaten, die sich als Schutzpatron der Dritten Welt gerierten, führten natürlich ihre eigenen Rechnungen. Nur ein Bruchteil des Preisaufschlags für AKP-Bananen kam bei Erzeugern in Entwicklungsländern an; das Gros strichen Firmen in den Industriestaaten ein.[55] Wäre es der EU allein um Entwicklungshilfe gegangen, wären Direktzahlungen an die Produzenten in Afrika und der Karibik das effizientere Vorgehen gewesen.

Erst 2009 wurde der Handelsstreit endgültig beigelegt. Im Laufe der Jahre war er zusehends aus dem Ruder gelaufen, ohne dass die Beteiligten noch genau sagen konnten, an welchen sachlichen Differenzen sich die Eskalation eigentlich einmal entzündet hatte. Aus der Halbdistanz heraus mag Enzensberger im europäischen Umgang mit Bananen lediglich ein weiteres Brüsseler Trauerspiel erkannt haben. Viele andere, die sich näher am Geschehen befanden, glaubten schon damals, einer «griechischen Tragödie» beigewohnt zu haben.[56]

55 Fruitless, but not harmless, in: The Economist, 8. April 1999.

56 Stefan Tangermann: European Interests in the Banana Market, in: Timothy E. Josling und Timothy G. Taylor (Hrsg.): Banana Wars. The Anatomy of a Trade Dispute, Cambridge 2003, S. 17.

Bildnachweis: Abb. 1: The Sun, 21. September 1994. – Abb. 2: Konrad Adenauer-Stiftung. – Abb. 3: Titanic-Archiv. – Abb. 4: picture alliance/REUTERS/Andrew Winning. – Abb. 5: New York Times, 2. März 2008.

Heinrich Meier

Nietzsches Wille zur Macht

Über die Selbsterkenntnis des Philosophen

Nietzsches Wille zur Macht ist von Legenden umgeben und durch Interpretationen überlagert, die den Zugang zu Nietzsches Denken in einem ungewöhnlichen Maße erschweren. Der «Wille zur Macht» hat mit anderen Doktrinen gemeinsam, dass die philosophische Doktrin, wenn sie sich verselbständigt, zu einer Hürde für das Verständnis der ihr zugrundeliegenden Intention wird. Im Falle von Nietzsches «Wille zur Macht» kommt hinzu, dass die lange vorherrschenden und die Rezeption in vielfältiger Weise weiter bestimmenden Interpretationen und Legenden ihren Kristallisationskern in einem vermeintlichen Hauptwerk mit dem Titel *Der Wille zur Macht* haben, das keineswegs Nietzsches Intention entspricht. Die ein Jahr nach Nietzsches Begräbnis 1901 veröffentlichte und 1906 in einer zweiten Fassung noch einmal um einige hundert Seiten erweiterte Kompilation trug erheblich zu der Vorstellung bei, Nietzsches Philosophie kulminiere in der Lehre vom Willen zur Macht. Es war dem Autor nur nicht vergönnt, sie in einer gültigen Gestalt auszuarbeiten. Die wirkmächtigste Interpretation dieser Doktrin ist nicht zufällig eng verbunden mit der Legende, dass das philosophisch Wesentliche allererst in Nietzsches Nachlass zu finden sei: Nietzsche konnte nicht mehr sagen, was er zu sagen hatte und was er am Ende sagen wollte.

Die Kompilatoren des *Willens zur Macht* wählten als Schluss ihres Werks einen Text, in dem das sprechende Ich seine «*dionysische* Welt des Ewig-sich-selber-Schaffens, des Ewig-sich-selber-Zerstörens» evoziert und die Leser oder Zuhörer fragt: «wollt ihr einen *Namen* für diese Welt? Eine *Lösung* für alle ihre Rätsel? Ein *Licht* auch für euch, ihr Verborgensten, Stärksten, Unerschrockensten, Mitternächtlichsten?» Die Antwort lautet, nur durch einen Gedankenstrich von dem Stakkato der Fragen getrennt: «*Diese Welt ist der Wille zur Macht – und nichts außerdem!* Und auch ihr selber seid dieser Wille zur Macht – und nichts außerdem!» Das buchstäblich letzte Wort des *Willens zur Macht*, zwei bündige Sätze, jeweils mit einem Ausrufungszeichen versehen, scheint klar zu sein: Es gibt *einen* Willen zur Macht. Er ist alles, was wir kennen. Und wir sind nichts als ebendieser Wille. Eine autoritative Bestätigung von Nietzsches Metaphysik, oder wie der eine oder andere Interpret eingedenk der entschiedenen Kritik, die Nietzsche an der Metaphysik übt, vorsichtiger sagen mag, ein prägnanter Ausdruck von Nietzsches Ontologie. Was *ist*, ist «Wille zur Macht». Ein Name, eine Lösung, ein Licht. Doch wenn ein Philosoph die Lösung aller Welträtsel verheißt, tun wir gut daran zu fragen, in welcher *persona* er spricht, an wen er sich wendet und welche Zuhörer er im Auge hat. Nicht in Elisabeth Förster-Nietzsches und Peter Gasts *Der Wille zur Macht*, wohl aber in Nietzsches Nachlass findet sich eine andere prägnante Aufzeichnung, die geeignet ist, Licht auf seine «Ontologie» zu werfen: «*Exoterisch – esoterisch* / 1. – alles ist Wille gegen Willen / 2 Es giebt gar keinen Willen».[1] Wir wissen nicht, an welchem Ort, in welcher Konstellation, als Teil welcher Rede Nietzsche den Text verwendet hätte, den die Kompilatoren zum letzten Wort des *Willens zur Macht* erhoben. Falls er ihn verwendet hätte und ihn nicht schlicht verwarf. Denn was wir wissen, ist, dass das Notat aus dem Sommer 1885 stammt.[2] Nietzsche entschied sich dagegen, es in *Jenseits von Gut und Böse* aufzunehmen, und er hat es auch in keines der sechs Bücher aufgenommen, die er danach veröffentlichte oder für den Druck vorbereitete.

Wir berühren hier ein grundsätzliches Problem der Nietzsche-Interpretation Heideggers, die dem Nachlass den Vorrang gibt. Heidegger ist die Unzuverlässigkeit der postumen Edition

1 Friedrich Nietzsche: Werke Kritische Gesamtausgabe (KGW) IX 3, S. 179. Nachgelassene Fragmente Sommer 1886–Herbst 1887 5 [9], Kritische Studienausgabe (KSA) 12, S. 187.

2 Nachgelassene Fragmente Juni–Juli 1885 38 [12], KSA 11, S. 610–611.

nicht verborgen geblieben. Er hat die grobe Missachtung der Chronologie, die entstellende Wiedergabe und anderes mehr moniert. Wie auch könnten die offensichtlichen Mängel einer dilettantischen Publikation unbemerkt bleiben, die höchst unterschiedliche Aufzeichnungen aus einem Zeitraum von sieben Jahren mischt, Zusammengehöriges auseinanderreißt, Nicht-Zusammengehöriges nebeneinander stellt, authentische Notate nicht von Exzerpten unterscheidet und in großer Zahl redundante Fragmente, Entwürfe und Vorstudien zu Texten abdruckt, die Nietzsche selbst in geschliffener Form und sorgfältiger Anordnung in seinen Büchern vorlegte? Wer etwa die «nachgelassenen» Aphorismen zu Sokrates, die der *Wille zur Macht* mitteilt, mit dem Kapitel «Das Problem des Sokrates» vergleicht, das Nietzsche auf der Grundlage desselben Materials 1888 in *Götzen-Dämmerung* veröffentlichte, kann den Abstand ermessen, der eine Sammlung von Aufzeichnungen von einem Buch Nietzsches trennt. Unbeschadet seiner Kritik an der Edition des Nachlasses hat Heidegger auf dem Vorrecht der nachgelassenen Aufzeichnungen als dem eigentlichen Zugang zu Nietzsches Philosophie bestanden. Der Nietzsche, den Heidegger bevorzugt, ist ein Verfasser von Skizzen und Sentenzen, ein Lieferant vorsokratischer Fragmente, die dem Willen zur Macht des Interpreten sehr viel weniger Widerstand bieten als mit Bedacht gebaute, kunstvoll angelegte, von einer zentralen Intention regierte Bücher. So kommt Heidegger – um ein Beispiel zu nennen, das mehr als ein Beispiel ist – unter Berufung auf den Nachlass und gestützt auf die Interpretation eines knapp eineinhalb Seiten umfassenden Kapitels, das er aus dem Kontext des Buchs herauslöst und in das er seine eigene Begrifflichkeit hineinlegt, zu der Behauptung von Nietzsches umgedrehtem Platonismus. Nietzsche habe eine Umkehrung der metaphysischen Grundstellung vollzogen, aber die platonische «Baugestalt» von Oben und Unten beibehalten, wenn er, wie Heidegger sagt, die sinnliche gegen die übersinnliche Welt stellt. Dass «die Umdrehung eine Herausdrehung aus dem Platonismus» werden müsse, habe Nietzsche «erst im letzten Schaffensjahr (1888)» erkannt. Mit anderen Worten: Nietzsche sah oder ahnte das Erfordernis eines anderen Anfangs, doch es blieb Heidegger vorbehalten, die Konsequenzen aus dem Ende der Metaphysik zu ziehen. Nietzsches Antwort auf den Platonismus soll auf der Ebene der Metaphysik angesiedelt sein.[3] Hätte Heidegger *Jenseits von Gut und Böse*, in dem Nietzsche die schärfste Kritik des Platonismus vorträgt, die Aufmerksamkeit geschenkt, die das Buch verlangt, hätte er sehen können, dass Nietzsches Antwort auf die beiden «Erfindungen», die er dem Platonismus im Vorwort zur Last legt, auf den «reinen Geist» und «das Gute an sich», ihren Niederschlag in der Architektur des Buchs findet. Jeweils im Zentrum der zwei ungleichen Hälften, in die das Vierte Hauptstück *Jenseits von Gut und Böse* teilt, stehen die Hauptstücke «Der freie Geist» und «Unsere Tugenden». Gegen den doppelten «Dogmatiker-Irrthum» des Platonismus bietet Nietzsche einen Typus auf, den er nach seinen Tugenden charakterisiert. Er begegnet dem Platonismus nicht mit einer metaphysischen Lehre, sondern auf dem Wege einer Selbst-Bestimmung des Philosophen.

Die Kehrseite der Aufwertung des Nachlasses ist die Abwertung der Bücher als autorisierte Form, in denen Nietzsche seine Philosophie präsentierte. Nicht ohne Grund versah er das dritte und bei weitem längste Kapitel von *Ecce homo* mit der Überschrift: «Warum ich so gute Bücher schreibe». Die Abwertung hat die Vernachlässigung zur Folge. Das gilt insonderheit für die Bücher, die das Ende des *Wille zur Macht*-Vorhabens besiegelten: für die *Götzen-Dämmerung*, die Nietzsche größtenteils aus dem *Wille zur Macht*-Konvolut gewann, als er die alten Pläne verwarf, und für die Dyade *Ecce homo* und *Der Antichrist*, die nach Nietzsches Verfügung an die Stelle des *Willens zur Macht* treten sollte: *Ecce homo* erklärt die *Umwerthung aller Werthe* mit dem *Antichrist* für beendet. Dass das abschließende Doppelwerk über mehr als ein Jahrhundert hinweg nicht in seiner Zusammengehörigkeit begriffen, geschweige in seiner philosophischen Bedeutung erkannt wurde, ist auch ein Resultat der Fixierung auf den Nachlass. Es ist nicht der geringste Kollateralschaden der Hauptwerk-Legende, die das Nietzsche Archiv pflegte und die jene Fixierung nährte.

Was die Lehre des «Willens zur Macht» betrifft, so ist sie eine Sache, die Kompilation gleichen Namens eine andere. Um uns Aufschluss über den Begriff und seine Reichweite zu verschaf-

3 Martin Heidegger: Nietzsche, Pfullingen 1961, Bd. I, S. 231–242; vgl. vom Verfasser: Nietzsches Vermächtnis. «Ecce homo» und «Der Antichrist». Zwei Bücher über Natur und Politik, München 2019, S. 326–330.

fen, genügen Nietzsches Bücher, in denen der Begriff 47mal vorkommt. Am häufigsten, 16mal, tritt er in *Jenseits von Gut und Böse* auf, wo die Bandbreite der Verwendungen vom Antidot des Zeitdiagnostikers, der seiner Epoche Willensschwäche attestiert, bis zum «Satz» des Psychologen und Physiologen gespannt ist, dass es sich beim «Willen zur Macht» um die «Eine Grundform des Willens» handle, aus der «unser gesammtes Triebleben» erklärt werden soll. In einer ironischen Wendung macht sich Nietzsche an gleicher Stelle anheischig, den in Anführungszeichen gesetzten «intelligiblen Charakter» der Welt als «Wille zur Macht», wiederum in Anführungszeichen gesetzt, «und nichts außerdem» zu bestimmen und zu bezeichnen.[4] Die nachgelassenen Notate unterrichten uns über die Erweiterungen, Vergröberungen und Verfeinerungen der Doktrin, die Nietzsche erwog. Um aber zum philosophischen Kern der Lehre vorzudringen, um das Wichtigste ins Auge zu fassen und zu bedenken, das mit dem Willen zur Macht in Rede steht, sind wir keineswegs auf den Nachlass angewiesen. Das Wichtigste bekommen wir in den Blick, wenn wir, in Abwandlung einer Maxime aus *Jenseits von Gut und Böse*, der Frage nachgehen, was die «ontologische» oder «metaphysische» oder «theologische» Doktrin eines Philosophen bedeutet, wenn sie auf ihn angewandt, das heißt, wenn sie als ein Mittel seiner Selbstverständigung gesehen, wenn sie als Werkzeug der Selbsterkenntnis begriffen wird.[5] Zur Klärung dieser Frage ist es ratsam, darauf zu achten, wie der Begriff eingeführt, an welchem Ort und zu welchem Zweck die Doktrin ursprünglich aufgeboten wird.

Nietzsche übertrug die Einführung des Begriffs seinem «Sohn» Zarathustra. Der Wille zur Macht ist Teil des groß angelegten Versuchs der Selbstverständigung und Selbstvergewisserung, der Sammlung und Sonderung des dem Philosophen Zugehörigen und des nicht mit ihm Verträglichen, den Nietzsche in den vier Teilen seines *Buchs für Alle und Keinen* unternahm. Ein Experiment, das ihn über drei Jahre in Atem hielt und dessen Resultate er Etappe um Etappe drucken ließ. Zarathustra spricht zum ersten Mal vom Willen zur Macht in der Rede «Von tausend und Einem Ziele», in der der Erste Teil seinen politisch-philosophischen Höhepunkt erreicht. Zarathustra nennt die «Tafel der Güter», die

4 Jenseits von Gut und Böse 36, KSA 5, S. 54–55.

5 Jenseits von Gut und Böse 6, S. 20.

über jedem Volk hängt, die «Tafel seiner», das heißt dieses Volkes, «Überwindungen», die «Stimme seines Willens zur Macht». Der Wille zur Macht tritt zuerst auf als Wille zur Selbststeigerung. Er äußert sich in den Zwecken und Wertschätzungen, samt der mit ihnen verbundenen Gebote und Verbote, die diese Steigerung politisch ins Werk setzen sollen. Der als Wille zur Selbststeigerung oder Selbstüberwindung verstandene «Wille zur Macht» hat ein kritisches Potential. Er ist ein Begriff der Unterscheidung. Im *Antichrist*, dem Buch, das Nietzsche zuletzt zur Veröffentlichung bestimmte, wird er über diesen Willen zur Macht, der den Dingen einen Sinn zumisst, sagen, dass er natürlicherweise im Gottesbegriff eines Volkes aufscheint, dass er der höchsten Aspiration und der tiefsten Dankbarkeit Ausdruck verleiht.[6]

In der zweiten der drei Reden, in denen Zarathustra den Begriff gebraucht, spricht er nicht länger über den Willen zur Macht des Volkes, sondern über den Willen zur Macht der «Weisesten». Auf die Betrachtung der Politik im Ganzen folgt die Aufklärung des Philosophen im Besonderen. «Von der Selbst-Ueberwindung», die zentrale Rede über den Willen zur Macht, auf die sieben der neun Verwendungen von «Wille zur Macht» in *Also sprach Zarathustra* entfallen, ist ausdrücklich an die «Weisesten» gerichtet. Ihnen, die er siebenmal als «ihr Weisesten» anredet, trägt Zarathustra die Lehre vom Leben als Wille zur Macht vor. Sie fordert er auf, sein «Wort» «ernstlich zu prüfen», das in der Mitte der Rede steht: «Wo ich Lebendiges fand, da fand ich Willen zur Macht; und noch im Willen des Dienenden fand ich den Willen, Herr zu sein. / Dass dem Stärkeren diene das Schwächere, dazu überredet es sein Wille, der über noch Schwächeres Herr sein will: dieser Lust allein mag es nicht entrathen.» Wenn die «Weisesten» Zarathustras «Wort» prüfen sollen, geht es nicht allein oder zuerst darum zu untersuchen, ob er mit seiner Lehre das Rätsel des Lebens gelöst hat. Was er ihnen ansinnt, ist zu bedenken, ob sie sich selbst in ihr wiedererkennen in Rücksicht auf das, was ihnen am wichtigsten ist. Denn Zarathustras Rede verhandelt vom ersten Vers an den «Willen zur Wahrheit». Zarathustra hatte den «Willen zur Wahrheit» zehn Reden zuvor eingeführt und ihn in die Forderung übersetzt, «dass Alles verwandelt werde in Men-

6 Also sprach Zarathustra I, 15, 5, KSA 4, S. 74; Der Antichrist 16–18, KSA 6, S. 182–185.

schen-Denkbares, Menschen-Sichtbares, Menschen-Fühlbares! Eure eignen Sinne sollt ihr zu Ende denken!» Den «Weisesten» hält Zarathustra entgegen, dass das, was sie ihren «Willen zur Wahrheit» nennen, ein «Wille zur Denkbarkeit alles Seienden» ist, ohne dass sie sich darüber Rechenschaft ablegten und so Gefahr laufen, die aktive Rolle ihrer Sinne, ihres Fühlens, Sehens, Denkens, ihrer selbst zu verkennen. Ein Verkennen, das dazu führt, dass die Denkbarkeit alles Seienden auf die Angleichung alles Seienden an den Geist verengt wird, dem es sich «fügen und biegen» muss. «So will's euer Wille. Glatt soll es werden und dem Geiste unterthan, als sein Spiegel und Widerbild.» Ihr Wille erschafft sich die Welt nach ihrem Bild, nach dem Bild, das sie sich von sich selbst machen, nach der Vorstellung vom Geist, der in ihnen und in allem Seienden herrschen soll. An dem Ort, an dem die Denkbarkeit alles Seienden im Sinne seiner Assimilation an das Vorstellen des Geistes oder aber gemäß der Notwendigkeit seiner Widerständigkeit und Widerstreitigkeit in Frage steht, führt Zarathustra den Willen zur Macht in die Verhandlung des Erkennenden ein, wie der Philosoph in *Also sprach Zarathustra* genannt wird. Er tut es ausgehend vom «Willen zur Wahrheit» und in kritischer Absicht. Die Lehre vom Leben als Wille zur Macht, die Zarathustra den «Weisesten» vorträgt, um ihre Selbsterkenntnis zu befördern, gipfelt in einer Rede, mit der Zarathustra dem Leben selbst zu seinem Wort verhilft. Am Beginn gibt das Leben sich Zarathustra zu erkennen, wie Gott sich Moses offenbarte. Aber im Unterschied zum Theologumenon des Sinai verweist das Wort des Lebens auf die Notwendigkeit, die ihm innewohnt und die Erkenntnis erlaubt: «Siehe, ich bin das, *was sich immer selber überwinden muss.*» Im Zentrum der auf zehn Verse bemessenen Rede kommt das Leben, Zarathustras Lehre beglaubigend, auf den Willen zur Wahrheit zu sprechen, der für den Philosophen im Mittelpunkt des Interesses steht: «Was ich auch schaffe und wie ich's auch liebe, – bald muss ich Gegner ihm sein und meiner Liebe: so will es mein Wille. / Und auch du, Erkennender, bist nur ein Pfad und Fusstapfen meines Willens: wahrlich, mein Wille zur Macht wandelt auch auf den Füssen deines Willens zur Wahrheit!» Es ist die letzte Erwähnung des Willens zur Wahrheit in *Also sprach Zarathustra.*[7]

7 Also sprach Zarathustra II, 12, 1–6; 21–23; 27–37, S. 146–149. II, 2, 9, S. 108–109. Vgl. vom Verfasser: Was ist Nietzsches Zarathustra? Eine philosophische Auseinandersetzung, München 2017, S. 73–78 und Anm. 77.

Die kritische Kapazität der Doktrin kommt im Kapitel «Von der Erlösung» zum Tragen, dem Zarathustras letzte Erörterung des Willens zur Macht vorbehalten ist. Der «Wille zur Macht» wird nur einmal, im letzten Vers von Zarathustras Rede, beim Namen genannt. Aber die Rede, die die Peripetie des Dramas markiert, hat in einem fort den Willen zur Macht mit seinen Abirrungen und Verkehrungen zum Gegenstand, seine «Thorheit», den «Unmuth», in dem er sich niederschlägt, den «Geist der Rache», den er gebiert. Der Unmut des Willens zur Macht entzündet sich an dem, was dem Willen vorausliegt und woran seine Macht versagt, von der eigenen Natur bis zu aller Notwendigkeit, die *war*, bevor er *will*. Seine Rache ist Ausdruck eines Mangels an Macht, eine Ausflucht und Ablenkung des Willens, der vergeblich gegen die Notwendigkeit aufbegehrt. Zarathustra spricht von der «grossen Narrheit», die in «unserem» Willen wohne und die, zum Geist der Rache gesteigert, «bisher der Menschen bestes Nachdenken» gewesen sei. Die Rache des Willens, der seiner Ohnmacht inne wurde, moralisierte die Welt. Das Leid, das seinen Unmut erregte, wurde als Strafe ausgelegt und so unter die Gerechtigkeit gezwungen. An die Stelle der Gerechtigkeit gegen die Welt, das Leben, das Selbst, die der Erkennende im Sinne einer Angemessenheit in der Sache zu erreichen sucht, tritt die Gerechtigkeit der sittlichen Weltordnung, die von einer Absicht regiert werden und einen Sinn verbürgen soll. Der Geist der Rache ersinnt ein moralisches Gesetz, dem er die Unschuld des Werdens unterwerfen, oder einen höheren Willen, durch den er eine Ordnung begründen kann, die der Wille aus eigener Kraft nicht zu schaffen vermag. Der «Geist der Rache» bezeichnet eine Dysfunktionalität des Willens zur Macht in Rücksicht auf den Willen zur Wahrheit. Er steht für das, wovor der Philosoph insonderheit auf der Hut sein muss, wenn er die Welt nicht verfälschen, den Phänomenen nicht Gewalt antun und sich selbst nicht verkennen will. Zarathustra zieht mit Grund eines der ältesten Zeugnisse der philosophischen Tradition, den Spruch des Anaximander, heran, um vor Augen zu führen, wie der Wille zur Macht sich verkehren kann. Die Einsicht in die Dysfunktionalität des Willens zur Macht ist aufs engste verbunden mit der Selbstbesinnung Zarathustras, die «Von der Erlösung» zum Wendepunkt des Buchs macht. Denn Zarathustra, der mit seiner Verheißung des großen Mittags durch das Wort des großen Umsonst «Alles ist leer, Alles ist gleich, Alles war!» in eine Krisis geraten, der in seiner Zukunftsgespanntheit erschüttert ist, erkennt die Unhaltbarkeit der futuristischen Lehre vom Übermenschen. Der Versuch, den «Riesen Zufall» zu überwinden, die Wende der Zeit heraufzuführen, die Menschheit durch *ein* Ziel zu einen, um sie von dem «Unsinn», dem «Ohne-Sinn» zu erlösen, der «bisher noch» über ihr waltete, dieses Unterfangen ist seinerseits Ausdruck eines irregeleiteten, von moralischer Entrüstung, durch den vornehmen Affekt bestimmten, Willens zur Macht. Zarathustra muss sich «das Jetzt und das Ehemals auf Erden» als sein «Unerträglichstes», er muss sich die Überwältigung durch sein Ungenügen an der Welt, wie sie ist, eingestehen. Der Lehrer der Erlösung, der den Willen als den großen «Befreier und Freudebringer» preist, «wüsste nicht zu leben», wenn er «nicht noch ein Seher wäre, dessen, was kommen muss». An dem «Es war» der Zeit, an dem sein Wille abprallt, an der Vergangenheit der Menschheit, die sich seiner Herrschaft entzieht, nimmt er Rache, indem er sie erlösungsbedürftig *macht* – und mit ihr alle, die vor ihm waren, die gegenwärtig sind, die nach ihm sein werden. Der Wille zur Macht, es ist offenkundig, muss sich auf sich zurückwenden. Er muss reflexiv werden. Er muss sich im Geist der Rache selbst ins Auge sehen, den Unmut als seinen Widerwillen begreifen, um die Verkehrung überwinden, um der Abirrung wehren zu können. Für den Philosophen kommt alles darauf an, dass der Wille, wie Zarathustra sagt, von seiner Torheit «abgeschirrt» wird. Zarathustra gebrauchte «abschirren» zuvor – es ist die einzige andere Verwendung – in der Rede «Von den Erhabenen». Sie folgt unmittelbar auf die Rede, in der er die «Weisesten» auf den Willen zur Macht in ihrem Willen zur Wahrheit hinwies. Zarathustra spricht zu den «Helden der Erkenntniss», die sich auf ihrer Jagd nach Wissen in sich selbst verbeißen und es nicht verstehen, über ihren Ernst und ihre Gespanntheit «erhaben» zu sein. Ihnen, die er «Büsser des Geistes» genannt hat, ruft er zu: «Mit lässigen Muskeln stehn und mit abgeschirrtem Willen: das ist das Schwerste euch Allen». So wie dem Willen des «Helden» das

Geschirr der zum *Zweck* erhobenen, nicht als *Mittel* verstandenen, «Grausamkeit gegen sich selbst» abgenommen werden muss, wenn er zur gesammelten Freiheit und gelassenen Heiterkeit des «Über-Helden» aufsteigen soll, so muss der Wille zur Macht des Erkennenden aus dem Geschirr ausgespannt werden, das ihn blind ziehen und stürmen macht, in dem eitlen Drang, allem zu befehlen, über alles Herr zu werden, die Zeit zu brechen und die Notwendigkeit zu zwingen.[8]

Der Wille zur Macht ist nicht die Lösung, sondern der Kern des Problems für den Philosophen. Die zentrale Aussage in *Also sprach Zarathustra*, dass der Wille zur Macht im Willen zur Wahrheit am Werk sei, hat einen kritischen Sinn. Und tatsächlich bewährt sich die Konzeption in Nietzsches Dichtung nicht als ein Mittel zur Überredung der vornehmen Adressaten, sondern als Instrument der Selbstkritik Zarathustras. In *Jenseits von Gut und Böse*, dem ersten Buch, in dem Nietzsche nach den Jahren des Zarathustra-Experiments wieder im eigenen Namen spricht, ist der Wille zur Macht der einzige der drei von Zarathustra eingeführten Begriffe – «Übermensch», «Wille zur Macht», «ewige Wiederkunft» –, den Nietzsche ausdrücklich aufnimmt. Der Begriff erhält zusätzliche Valenzen, die Lehre wird ausgebaut, der philosophische Kern erfährt indes eine nachdrückliche Bestätigung. Die Gegenstrebigkeit des Willens zur Macht, die Zarathustra in den Blick nahm, wird von Nietzsche in Aphorismus 230 in einer nirgendwo sonst erreichten Klarheit verhandelt. Das philosophische Argument, das *Jenseits von Gut und Böse* zur Entfaltung bringt, erreicht in dem Aphorismus, der dem Siebten Hauptstück «Unsere Tugenden» zugehört, seinen Höhepunkt. Zum dritten und letzten Mal findet der vorzügliche Adressat des Buchs namentliche Erwähnung: die «freien, *sehr* freien Geister». Sie traten zuvor im Vorwort und im Zweiten Hauptstück, «Der freie Geist», je einmal auf. Ihre Nennung verbindet die drei Teile des Buchs, die Nietzsches Antwort auf den Platonismus abstecken. Nietzsche gebraucht den Begriff «Wille zur Macht» in Aphorismus 230 nicht. Doch er spricht von nichts anderem als ihm, den er in zwei einander widerstreitende Willen auseinanderlegt. Im ersten Schritt geht er auf einen «Grundwillen des Geistes» zurück, der der Welt durch Begreifen und Aneignung, Auslegung und Einverleibung Herr zu werden

8 Also sprach Zarathustra II, 20, 8–11; 16–46, S. 178–181. II, 13, 3–8; 12–13; 20; 25–27; 35, S. 150–152.

sucht, aber indem er seine Dominanz forciert und der Selbsttäuschung unterliegt, die Wahrheit verfehlt. Er nimmt das «befehlerische Etwas, das vom Volke ‹der Geist› genannt wird», als Ausgangspunkt und präsentiert es als «einen zusammenschnürenden, bändigenden, herrschsüchtigen und wirklich herrschaftlichen Willen». Die «Bedürfnisse und Vermögen» des Geistes sind in ihrer herrschaftlichen Ausrichtung dieselben, «wie sie die Physiologen für Alles, was lebt, wächst und sich vermehrt, aufstellen.» Der Grundwille des Geistes ist, wie Zarathustra in seiner zentralen Rede über den Willen zur Macht das Leben lehren ließ, eins mit dem Willen, der im Leben überhaupt am Werk ist. «Die Kraft des Geistes, Fremdes sich anzueignen, offenbart sich in einem starken Hange, das Neue dem Alten anzuähnlichen, das Mannichfaltige zu vereinfachen, das gänzlich Widersprechende zu übersehen oder wegzustossen: ebenso wie er bestimmte Züge und Linien am Fremden, an jedem Stück ‹Aussenwelt› willkürlich stärker unterstreicht, heraushebt, sich zurecht fälscht.» Wie das Leben ist der Grundwille des Geistes auf Wachstum aus, «bestimmter noch auf das *Gefühl* des Wachsthums, auf das Gefühl der vermehrten Kraft». Demselben Willen dient, wie Nietzsche betont, «ein scheinbar entgegengesetzter Trieb des Geistes»: Ein plötzlicher «Entschluss zur Unwissenheit», ein «Zumachen seiner Fenster», eine «Art Vertheidigungs-Zustand gegen vieles Wissbare», eine «Zufriedenheit mit dem Dunkel, mit dem abschliessenden Horizonte», selbst der «gelegentliche Wille», sich täuschen zu lassen, «ein frohlockender Selbstgenuss an der willkürlichen Enge und Heimlichkeit eines Winkels, am Allzunahen, am Vordergrunde, am Vergrösserten, Verkleinerten, Verschrobenen, Verschönerten», schließlich «jene nicht unbedenkliche Bereitwilligkeit des Geistes, andere Geister zu täuschen und sich vor ihnen zu verstellen». Die Zufriedenheit mit dem Dunkel, mit dem abschließenden Horizont können wir auch als ein Haltmachen bei der Überzeugung, als ein Sicheinrichten im Glauben bezeichnen.

Dem Grundwillen des Geistes und des Lebens zu Schein und Oberfläche, zu Vereinfachung und Angleichung tritt im zweiten Schritt «jener sublime Hang des Erkennenden *entgegen*, der die Dinge tief, vielfach, gründlich nimmt und nehmen will: als eine

Art Grausamkeit des intellektuellen Gewissens und Geschmacks». Im *Erkennenden* erfährt der Grundwille die Rückwendung auf sich selbst. Eine Bifurkation des Willens zur Macht findet statt, in der der Wille zur Oberfläche auf den Willen zur Gründlichkeit trifft. Oder der *eine* herrschaftliche Wille muss sich, sobald der Erkennende in Frage steht, in den Willen, der der Welt, und den Willen, der seiner selbst Herr werden will, aufspalten. Im abschließenden Doppelwerk *Ecce homo* und *Der Antichrist* wird Nietzsche auf die Leidenschaft der Erkenntnis als die despotische und aufgeklärte Leidenschaft in der Natur des Philosophen zurückgehen, um die Bifurkation zu fassen. Der Vorteil jener Konzeption besteht darin, dass beide Stränge zwingend aufeinander bezogen sind, ineinandergreifen und sich in die Höhe treiben, da die Erkenntnis der Welt und die Selbsterkenntnis in ihr notwendig *ein* Ziel haben. Dafür stellen die zwei Schritte in Aphorismus 230, die aufeinander folgen, aber gegeneinander gekehrt sind, das Erfordernis der Redlichkeit für den Erkennenden so scharf heraus, wie es herausgestellt werden kann, ohne deshalb von dem seit *Morgenröthe* verfolgten Kurs abzuweichen, dass auf die Natur des Philosophen zurückzugehen sei. Im Gegenteil, Nietzsche, der die Redlichkeit im Zentrum des Siebten Hauptstücks als die Tugend einführte, «die allein uns übrig blieb», macht ebendiese Tugend jetzt zum Prüfstein und Beispiel des Rückgangs auf die Natur. Sie soll als Grausamkeit des Erkennenden gegen sich selbst in «unserer» Natur ausgewiesen werden. Gewiss, «es klänge artiger», räumt Nietzsche ein, «wenn man uns, statt der Grausamkeit, etwa eine ‹ausschweifende Redlichkeit› nachsagte, nachraunte, nachrühmte, – uns freien, *sehr* freien Geistern». Überhaupt gilt von den Tugenden, Auszeichnungen, Lobeserhebungen, die den Philosophen zugesprochen werden: «Redlichkeit, Liebe zur Wahrheit, Liebe zur Weisheit, Aufopferung für die Erkenntniss, Heroismus des Wahrhaftigen, – es ist Etwas daran, das Einem den Stolz schwellen macht.» Die Philosophen, an die sich Nietzsche wendet, sehen ihre Aufgabe darin, den Menschen zurückzuübersetzen in die Natur, und wollen «über die vielen eitlen und schwärmerischen Deutungen und Nebensinne Herr werden, welche bisher über jenen ewigen Grundtext homo natura gekritzelt und gemalt wurden». Der «Grundwille des Geistes», der «Herr sein und sich als Herr fühlen will», genügt, an ihm selbst, nicht für diese Aufgabe, da das Gekritzel und die Übermalungen wesentlich sein Werk sind. Damit der Grundtext unter den Interpretationen freigelegt werden kann, die ihn verdecken, gilt es, die Aufmerksamkeit zunächst auf den Interpreten und die interpretierende Aktivität zu richten. Deshalb rückt Nietzsche den Willen zur Macht im Willen zur Wahrheit bzw. den die Wirklichkeit grob verzeichnenden «Grundwillen des Geistes» in ein so helles Licht. Seine Erkenntnis ist die Voraussetzung seiner Steuerung. Wenn der Philosoph seinen Willen zur Macht nicht als Problem begreift, wenn er ihn nicht «von seiner Torheit abschirrt», den «Unmut» nicht zügelt, dem «Geist der Rache» nicht entgegentritt, wenn er den «Grundwillen des Geistes» nicht seiner Einsicht unterwirft, wird der Wille zur Wahrheit des Philosophen sein Ziel verfehlen.[9]

In *Jenseits von Gut und Böse* und der dem Buch ein Jahr später «zur Ergänzung und Verdeutlichung beigegebenen» Streitschrift *Zur Genealogie der Moral* bringt Nietzsche das kritische Potential des Willens zur Macht zur Geltung.[10] Darüber hinaus macht er ihn zum Träger einer Entwicklungslehre, die ihren Fluchtpunkt in der höchsten Aktivität des Philosophen als dem «geistigsten Willen zur Macht» hat.[11] Außerdem setzt er den Begriff polemisch gegen die vorherrschenden Meinungen und Mentalitäten ein, die einer aristokratischen Erneuerung entgegenstehen.[12] Schließlich bringt er ihn, versuchsweise die Möglichkeiten auslotend, ins Spiel, um Alles, von der Physik zur Psychologie, vermittels eines Begriffs zu verschränken.[13] Daraus hätte das achtunggebietende System hervorgehen können, das Nietzsches Jünger sich später von ihm erhofften, oder jedenfalls die umfassende Doktrin, wenn nicht die «Metaphysik», so doch die «Ontologie», auf die Nietzscheaner und Anti-Nietzscheaner Nietzsches Philosophie bis heute festlegen und zurückführen wollen. Nietzsche selbst gab dergleichen Erwartungen und Mutmaßungen Nahrung, als er auf dem Umschlag von *Jenseits von Gut und Böse* 1886 und im zweitletzten Aphorismus von *Zur Genealogie der Moral* 1887 mitteilte, dass er ein Werk unter dem

9 Jenseits von Gut und Böse 230, S. 167–169; 227, S. 162–163; vgl. Der Antichrist 54, S. 236–237; siehe Nietzsches Vermächtnis, S. 268–274.

10 Jenseits von Gut und Böse 9, 198, 221, 227, S. 21–22, 118–119, 144–145, 162–163; Zur Genealogie der Moral, beachte die «Abschweifung», in der der Begriff eingeführt wird: II, 11 und 12, S. 309–316; siehe ferner II, 18; III, 14, 15, 18 und 27, S. 326, 372, 383, 384, 409.

11 Jenseits von Gut und Böse 13, 23, S. 27–28, 38–39.

12 Jenseits von Gut und Böse 51, 186, 259, S. 71, 105–107, 207–208.

13 Jenseits von Gut und Böse 22, 36, S. 37, 54–55.

Titel *Der Wille zur Macht. Versuch einer Umwerthung aller Werthe* vorbereite.

In welche Richtung hätte die «metaphysische» oder «ontologische» Erweiterung der Lehre des Willens zur Macht gehen können? Aus der Perspektive von *Jenseits von Gut und Böse* und *Zur Genealogie der Moral* gesehen, ergeben sich zwei Optionen. Nietzsche hätte die nachgelassenen Aufzeichnungen, die den Willen zur Macht betreffen, im Sinne einer Experimentalphilosophie verwenden oder er hätte aus ihnen eine Aristokratenmetaphysik destillieren können. Die Experimentalphilosophie übt den Perspektivenwechsel ein. Sie überschreitet die geläufigen Grenzmarkierungen genealogisch ansetzend oder physiologisch ausgreifend. Sie zieht Selbstverständlichkeiten in Zweifel, die fraglos hingenommen werden, und fordert die Tradition heraus, deren Versteinerung sie aufbrechen will. Sie wagt das Unerhörte und stellt die am meisten geheiligten Glaubenspositionen zur Disposition. Sie gibt der Neugierde Nahrung und fördert das Weiterdenken durch eine überraschende Versuchsanordnung. In der Philosophie des Versuchs und der Versuchung eröffnet der «Wille zur Macht» eine andere Sicht der Welt. Er gehört zu den «gefährlichen Vielleichts», den Erwägungen des «Gesetzt, dass», den Fragen «Wie, wenn?», die Nietzsche sich und anderen vorlegt. Sie sind hier gegen eine Welt gerichtet, die von Gesetzen beherrscht wird, denen, von den Elementarteilchen zu den Menschen, alles und alle gleichermaßen zu gehorchen haben. Gegen eine Weltsicht, die durchgehend Zwang und Freiheit unterstellt, in der ein verborgener Gesetzgeber waltet oder hinzugedacht werden muss, eine Welt, in die «Moralität» hineingelegt ist. Vielleicht wirkt überall und immer nur «Wille» auf «Wille». Gesetzt, dass alles, vom Stein bis zum Staat, aus Prozessen und Strukturen von Machtquanten besteht. Wie, wenn die Gesetze fehlten und statt dessen jedes Machtquantum in jedem Augenblick seine «letzte Consequenz» zöge? Nietzsche hat diese alternative Interpretation, die *Jenseits von Gut und Böse* knapp umreißt, im Nachlass in immer neuen Anläufen durchgespielt. Im Frühjahr 1888 erwägt er etwa, was sich ergäbe, wenn wir den Zahlbegriff, den Subjektbegriff, den Bewegungsbegriff, in denen unsere Psychologie in die Phänomene Eingang findet, als «Zuthaten» «eliminiren». In diesem Fall, notiert Nietzsche, «bleiben keine Dinge übrig, sondern dynamische Quanta, in einem Spannungsverhältniß zu allen anderen dynamischen Quanten: deren Wesen in ihrem Verhältniß zu allen anderen Quanten besteht, in ihrem ‹Wirken› auf dieselben – der Wille zur Macht nicht ein Sein, nicht ein Werden, sondern ein *Pathos* ist die elementarste Thatsache, aus der sich erst ein Werden, ein Wirken ergiebt …» Der «Wille zur Macht» ist bei diesem Versuch nicht eins oder einer. Er steht nicht ein für den metaphysischen Grund der Welt. Er soll ein «Charakter» sein. Er bezeichnet eine Qualität, die jedem Machtquantum zugesprochen wird. Wie immer das Machtquantum zu fassen sein mag, das Notat sagt über sein «Sein» soviel: «Es ist essentiell ein Wille zur Vergewaltigung und sich gegen Vergewaltigungen zu wehren.» Wer hier von «Ontologie» sprechen will, sollte dazu sagen, dass Nietzsche dergleichen «Wort-Prunk» und «Lügen-Putz» nicht für sich in Anspruch nahm.[14]

Aus den nachgelassenen Aufzeichnungen kann die Einbildungskraft indes auch unschwer einen anderen Gebrauch des Willens zur Macht herleiten. Nietzsche mag versucht gewesen sein, unter dem Titel *Der Wille zur Macht* eine Art Aristokratenmetaphysik vorzulegen, eine Doktrin, die sich vorzüglich an die vornehmen Adressaten wendete, dazu bestimmt, sie zu ermutigen, ihnen ein gutes Gewissen zu geben, sie zur äußersten Anspannung ihrer Kräfte zu veranlassen. Die Unterscheidung des philosophischen und der vornehmen Adressaten ist für Nietzsches Bücher nach der Periagoge, die in der Abkehr vom jugendlichen Idealismus zutage tritt und den Beginn des philosophischen Lebens kennzeichnet, von großer, sie ist nach *Also sprach Zarathustra* von grundlegender Bedeutung. In *Jenseits von Gut und Böse* bestimmt sie nicht nur die Rhetorik des Buchs im Ganzen. Das letzte Hauptstück, «Was ist vornehm?», lässt keinen Zweifel daran, dass die «Vornehmen», zu denen Nietzsche in besonderer Weise spricht, des abschließenden Horizonts bedürfen, den der Philosoph überschreiten muss, und dass die Neugierde des Philosophen sich nicht mit der Vornehmheit verträgt. Vor allem macht es deutlich, dass den vornehmen Adressaten Glaube nottut. Ihrem Glauben hätte eine umfassende Doktrin Nahrung geben können, die sie darin bestärkte, dass ihre Wertschätzungen dem

14 Jenseits von Gut und Böse 22 und 36, S. 37, 54–55. Nachgelassene Fragmente Frühjahr 1888 14 [79], KSA 13, S. 257–259, nach KGW IX 8, S. 138–139. Jenseits von Gut und Böse 230, S. 169.

innersten Wesen der Welt entsprächen, dass ihr Wille zur Herrschaft getragen werde von dem Willen, der alles regiert, mit einem Wort, dass ihre Politik sich im Einklang befände mit dem, was gewöhnlich Metaphysik genannt wird. Mit der Metaphysik in ihrer avancierten Gestalt, wohlverstanden, «heroisch» und «illusionslos». Aussagen aus dem Notat, das die Kompilatoren ans Ende des *Willens zur Macht* stellten, hätten sich zu einer solchen Metaphysik ausbauen lassen. Ebenso Sentenzen wie die folgenden, die sich in der Publikation der Schwester und des Jüngers von 1906 finden: «Der Wille zur Macht kann sich nur *an Widerständen* äußern; er sucht nach dem, was ihm widersteht [...] Die Aneignung und Einverleibung ist vor allem ein Überwältigenwollen, ein Formen und An- und Umbilden, bis endlich das Überwältigte ganz in die Macht des Angreifers übergegangen ist und es denselben vermehrt hat.» «Alle ‹Zwecke›, ‹Ziele›, ‹Sinne› sind nur Ausdrucksweisen und Metamorphosen des Einen Willens, der allem Geschehen inhärirt, des Willens zur Macht. Zwecke, Ziele, Absichten haben, *wollen* überhaupt, ist soviel wie Stärkerwerden-wollen, wachsen wollen, und *dazu* auch die *Mittel* wollen.» «Dem Werden den Charakter des Seins *aufzuprägen* – das ist der höchste *Wille zur Macht.*»[15] Da Nietzsche das Buch nicht schrieb, bleibt offen, welchen Gebrauch er von dem Material gemacht, welche Auswahl er getroffen, welche Einschränkungen er vorgenommen, durch welche Widerworte, Einwände, Fragezeichen er die Doktrin für die Aristokraten der Zukunft unterminiert hätte.

Unterminiert hat Nietzsche die Doktrin des Willens zur Macht schon in den zu Lebzeiten veröffentlichten Büchern. Beginnend mit *Jenseits von Gut und Böse* und ein letztes Mal in *Götzen-Dämmerung* betont er, dass der *Wille* nur als Wort eine Einheit sei, ein Name, keine Entität.[16] Das allein hätte ausreichen können, der Erhebung des Willens zur Macht zu einem metaphysischen Prinzip entgegenzuwirken. Dafür bedurfte es nicht der Direktheit der «esoterischen» Aussage: «Es giebt gar keinen Willen.» Auch die Experimentalphilosophie, die mit dem *einen* Willen, mit dem metaphysischen Prinzip, nichts zu schaffen haben will, muss sich fragen lassen, ob der Willens-Begriff, den sie für die Machtquanten heranzieht, weniger eine «Zuthat» der menschlichen

15 Der Wille zur Macht 656, 675, 617; Nachgelassene Fragmente Herbst 1887 9 [151], KSA 12, S. 424, nach KGW IX 6, S. 29; November 1887–März 1888 11 [96]; 11 [83], KSA 13, S. 44, nach KGW IX 7, S. 156; Ende 1886–Frühjahr 1887 7 [54], KSA 12, S. 312.

16 Jenseits von Gut und Böse 19, S. 32; Götzen-Dämmerung, Die vier grossen Irrthümer 3, KSA 6, S. 90–91. Vgl. Anm. 1.

17 Also sprach Zarathustra III, 10.1, 5, S. 234.

Psychologie ist als der Zahl-, der Subjekt- oder der Bewegungs-Begriff. Und wenn sie alle diese Begriffe «eliminirt», was begreift sie noch¿ Wie sind die «Quanten» zu bestimmen, die durch den «Willen zur Macht» charakterisiert werden sollen¿ Welchen Fortschritt haben wir in unserem Verständnis gemacht, wenn wir uns die Machtquanten nicht mehr als den Naturgesetzen «gehorchend», sondern als anderen Machtquanten «befehlend» und «gehorchend» vorstellen, ohne dass wir sagen können, *was* «befiehlt» und «gehorcht»¿ Gar nicht zu reden von den Schwierigkeiten, die sich aus der Verflüchtigung zählbarer Einheiten für die Experimentalkosmologie ergeben, welche unter dem Namen «Ewige Wiederkunft» bekannt ist und von der Zarathustra wusste, dass sie die Zahl zur Voraussetzung hat.[17] Ein Wort noch zur anderen Option: Wer könnte glauben, dass Nietzsche, wenn er erwog vorzutragen, was ich als «Aristokratenmetaphysik» bezeichnet habe, die Einwände nicht klar vor Augen standen, die er selbst gegen die «Artistenmetaphysik» seiner Jugend erhob¿ Wie aussichtsreich wäre es gewesen, nachdem er im «Versuch einer Selbstkritik» 1886 den Bruch mit der Metaphysik kund und zu wissen tat, auf die er in der *Geburt der Tragödie* zurückgegriffen hatte, unter geändertem Vorzeichen abermals den Willen aufzubieten, der alles schafft und in allem waltet¿ Und wie viel Orientierung hätte eine Doktrin den «vornehmen» Adressaten wirklich geben können, die ihnen einhämmerte: «Die Welt ist der Wille zur Macht und nichts außerdem.» Eine Lehre, die den Willen zur Macht in der Bejahung des Lebens und in dessen Verneinung am Werk sieht, die ihn überall aufspürt, nicht zuletzt im Willen zum Nichts¿ Der Philosoph weiß, dass Begriffe Werkzeuge sind. Was sie zu leisten vermögen, was sich mit ihrer Hilfe aufklären, denken, verstehen lässt, hängt davon ab, wie sie gebraucht, wofür sie eingesetzt werden. Wenn der Wille zur Macht eine Lösung für alles sein soll, ist er nicht mehr als ein Name. Zu einem Licht kann er nur für die werden, die ihn im Umkreis seiner Tauglichkeit erproben.

Nietzsche verwarf das Wille zur Macht-Vorhaben im Laufe des Jahres 1888. Er gab das angekündigte Buch auf und wandte seine Kraft und Aufmerksamkeit nicht länger an die Lehre gleichen Namens. Er entschied sich gegen das Werk, das die Doktrin im

Titel führte, und für ein Doppelwerk, das in beiden Teilen auf Nietzsche selbst verweist. *Ecce homo* sollte nach dem Willen des Autors 1889 erscheinen, *Der Antichrist* mit einem Jahr Abstand folgen. Die beiden Bücher haben das philosophische Leben und den Philosophen, die Bestimmung seiner Aufgabe und seine Natur zum Gegenstand. Nietzsches späte Entscheidung bestätigt die Rangordnung seiner Philosophie: Die Lehre des Willens zur Macht steht im Dienst der Selbsterkenntnis des Philosophen.

Denkbild

Cornelia Ortlieb

O Träumerin, O Mallarmé …

Papierfächer und das Flügelspiel der Avantgarde

Ein leichtes papierenes Ding mit Flügeln – in sich kreiselnd und im tänzelnden Spiel mit der Luft – fächelt im Paris des späten 19. Jahrhunderts der Moderne zu. «Nichts», schreibt Stéphane Mallarmé 1874 unter dem «Schmuck» eines weiblichen Pseudonyms, komme je einem «Fächer» gleich; vom «idealen Wert» seien diese kleinen Kunstwerke mit «Gemälden aus der Schule Bouchers oder Watteaus» vergleichbar – oder eben gleich mit Illustrationen von Edmond Morin, der das Layout von Mallarmés eigenem Journal *La Dernière Mode* gestaltete.[1] Der letzte Schrei in der Pariser Mode um 1900 – das war in den Kreisen und Salons der Avantgarde der mit Versen eigenhändig kalligraphisch verfeinerte Papierfächer. Mallarmés eigene Fächergedichte sind auf farbig gemustertem, halbrund geschnittenem Papier geschrieben, das zusammengefaltet in einem filigranen Gestänge aus dünnen Stäbchen auf eine Gelegenheit wartete, entfaltet zu werden. Das bewegliche Gestänge aus feinen Holzstäben erlaubte eine Reihe von zeremoniellen Bewegungen. Auch die Stäbchen waren bemalt und verziert, oft schimmerten sie dazu im kostbaren Perlmutt. Mallarmés reiche Sammlung – die wir hier in einer kleinen Auswahl zeigen (leider haben sich nicht alle Fächer erhalten) – demonstriert die Fülle möglicher Farb- und Motivkombinationen eines meist japanisch inspirierten Dekors, das Ende des 19. Jahrhunderts in Massenherstellung maschinell

1 Marguerite de Ponty, d. i. Stéphane Mallarmé: Bijoux/Schmuck, in: Stéphane Mallarmé: Werke in 2 Bänden. Französisch und Deutsch, Bd. 2: Kritische Schriften, übers. von Gerhard Goebel, hg. von Gerhard Goebel und Bettina Rommel, Gerlingen 1998, S. 36, 37.

produziert und kopiert wurde, einschließlich reinweißer Papierfächer zur Beschriftung und Bemalung. Die Fächer wurden auch bei Einladungen als Ersatz für die üblichen Gästebücher oder Sammelalben ausgelegt.[2] Und die Fächergedichte – oft quer über die senkrechten Falten im farbig verzierten Papier geschrieben – verwandelten dieses modische Accessoire der Zeit in ein einzigartiges fragiles Artefakt. Zum einen waren die Papierarbeiten so seriell hergestellte Alltagsgegenstände, Importware aus Fernost, zum anderen fein komponierte Unikate mit Gelegenheitsdichtungen, die ihrerseits ältere Formen zitierten und überboten.[3]

Ein schmaler Grat auf dünnem Papier

Nicht von allen Gedichten Mallarmés haben sich die korrespondierenden Fächer erhalten. So etwa von diesem für eine unbekannte Adressatin: «Toujours ce sceptre où vous êtes / Bal, théâtre, hier, demain / Donne le signal de fêtes / Sur un vœu de votre main.»[4] «Immer dies Zepter, wo Sie sind / Ball, Theater, gestern, bald dann / Gibt das Signal zum Feiern in / Einem Wunsch nur von Ihrer Hand.»[5] Die vermeintlich beiläufig hingeworfenen, ein wenig atemlosen Verse erweisen sich als kunstvoll arrangierter Text. «Immer» («Toujours») intoniert die Allgegenwart des Fächers an Orten und in Räumen, die in der auf zwei Verse verteilten Klimax von «Ball», «Theater» und «Feiern» benannt werden. Mit «signal» ist ein Impuls aufgerufen, der mit dem Zusatz «de fêtes» zu einem Kompositum verlötet wird, ein technisches Artefakt, ein «Festsignal»: Der Ball, der Tanz, das Fest kann beginnen ... Im französischen «signe» ist das verabredete Zeichen, der gesellige Zeichencharakter, die Konvention hörbar. Bei Mallarmé ist das Wortfeld «le signe» poetologisch in sich aufgefächert, nicht zuletzt, weil im Französischen ununterscheidbar «le cygne», der Schwan, mitzuhören ist, der als melancholische *imago* des Poeten in Mallarmés Gedichten oft mitschwimmt.[6]

Bertrand Marchal hat einmal bemerkt, dass die Bewegung eines Fächers im Luftraum im Rhythmus der fächelnden Hand und ihrer Schläge beim Öffnen und Zuklappen eine Art wortloses Gedicht erklingen lässt.[7] Anders als in vielen anderen Fächergedichten speist sich das «Festsignal»-Gedicht jedoch nicht aus dem Bildraum des Flügels, als den zumal der geöffnete Fächer häufig

2 Vgl. zu Mallarmés Fächergedichten und seiner eigenen Fächersammlung Philippe Rollet (Hg.): Rien qu'un battement aux cieux. L'éventail dans le monde de Stéphane Mallarmé, Ausst.-Kat. Montreuil-sous-Bois 2009, S. 82.

3 Vgl. Klaus Hempfer: Zur Differenz von «Lyrik» und «Gelegenheitsdichtung»: Das Beispiel Mallarmé, in: Zeitschrift für französische Sprache und Literatur 128 (2018), S. 2–3, S. 187–211.

4 Stéphane Mallarmé: Vers de circonstance. Avec un quatrain autographe, Paris 1920, S. 42, Nr. 4.

5 Die Übersetzung dieses und der weiteren Gedichte von Mallarmé von der Verfasserin versucht sich eng an den Wortlaut zu halten.

6 Vgl. Paul Hoffmann: Symbolismus, München 1987.

7 Bertrand Marchal: Éventails, «Éventails», in: Rollet (Hrsg.): Rien qu'un battement aux cieux, S. 26–34, hier S. 31.

Abb. 1
Fächer von Geneviève Mallarmé mit einem Gedicht Stéphane Mallarmés, rote Tinte auf weißem Papier, Gestänge aus Perlmutt, Durchmesser 29,5 cm, Musée départemental Stéphane Mallarmé, Vulaines-sur-Seine.

beschrieben ist. Vielmehr geht es um den geschlossenen Fächer, der, aufrecht gehalten, zum «Zepter», dem Instrument einer Dame wird, die hier ihre Macht nutzt, um als Herrin des kommunikativen Verfahrens Unterhaltung zu gebieten. Mit dem «Zepter» drängelt sich in der ohnehin immer erotischen Latenz des Damen-Fächers eine phallische Dimension in das Blickfeld. Das Kompliment an die respektvoll mit «Sie» angesprochene Adressatin, die es offenbar versteht, allerorten und zu jeder Zeit schöne Momente zu initiieren, verwandelt sich in den letzten Zeilen in den handfesten Wunsch nach anderen Vergnügungen. Ein schmaler Grat auf dünnem Papier zwischen höfischer Galanterie, Zudringlichkeit und Obszönität. Avantgarde war die Avantgarde nicht nur im Überschreiten von etablierten ästhetischen Formen. So artistisch der Text im feinen Spiel von Form und Inhalt sich mit sich selbst vergnügt; die Metaphern greifen über.

Ein anderes solchermaßen implikationsreiches Fächergedicht hat Mallarmé an seine Tochter Geneviève adressiert. Es ist auf einem prachtvollen Fächer aus weißem Papier mit Perlmuttstäben und goldenem Rand aufgetragen und mit roter Tinte kalligraphisch gestaltet *(Abb. 1)*. Die fünf deutlich voneinander abgesetzten Strophen des typischen Vierzeilers *(Quatrains)* stehen in ihrem einheitlichen Rechteckformat hier quer zu den schmalen senkrechten Papierfalten des komplett weißen Fächers, die sie überschreiben. Ihre Anordnung ahmt die Bewegung des Öffnens und Schließens nach. Entsprechend eröffnet die erste Strophe mit der graphisch hervorgehobenen Interjektion – oder dem Ausruf – «O», in dem man den lautbildenden Mund skizziert sehen kann, einen denkbar weiten Bedeutungsraum: «O rêveuse, pour que je plonge / Au pur délice sans chemin, / Sache, par un subtil mensonge, / Garder mon aile dans la main.» [8] «O Träumerin, damit ich eintauche, ins reine, uferlose Genießen / Versteh es, mit feiner Täuschung, / Meinen Flügel in deiner Hand zu halten.»

Zweideutig fordert der sprechende Fächer die neue Besitzerin zu Genüssen auf: «Une fraîcheur de crépuscule / Te vient à chaque battement / Dont le coup prisonnier recule / L'horizon délicatement.»[9] «Die Frische des Abendhauchs / Verschafft dir jedes Schlagen / Mit dem der gefangene Schlag einrollt / Den Horizont ganz zart.» Der Fächer spricht hier selbst als Moment der Erfrischung, und der «Horizont», der eingeholt wird, ist in der Hemisphäre des Fächers neben der Linie im evozierten Bildraum der kostbar geschmückte Rand des Fächers.

Die kleine Liaison von Schrift und Papierkörper findet ihren Höhepunkt in den beiden Schlussversen: «Ce blanc vol fermé que tu poses / Contre le feu d'un bracelet.» «Dieser weiße geschlossene Flug/Flügel, den du / Gegen das Feuer eines Armbands legst.» Als zusammengefalteter Flügel wird das gold-weiß schimmernde verwandelte «Zepter» als Schmuckstück an ein (womöglich) goldenes Armband auf weißer Haut gelegt. Bei einem solchen Zusammenklappen wären auf dem sich schließenden Fächer zuletzt diese rot leuchtenden Verse zu sehen, die eben den Vorgang aufscheinen lassen, der sie im nächsten Moment unlesbar im Inneren der Falten vor neugierigen Blicken verbergen wird. Für unsere sensitiven Ohren kann bei aller Liebe zur Mehrdimensionalität die Beschwörung solcher Begegnungen und Berührungen von Körpern, Schmuckstücken und Versen – auch der «uferlose

8 Rollet (Hg.): Rien qu'un battement au cieux, S. 62, Nr. 30. Vgl. zur Geschichte dieser Gabe mit weiterführenden Hinweisen ebd., S. 5.

9 Ebd., S. 62.

10 Zu den Klangeffekten der Verse vgl. Kurt Weinberg: Ô Rêveuse/Eau Rêveuse. Zu Mallarmés Autre Éventail de Mademoiselle Mallarmé, in: Romanistisches Jahrbuch 33 (1982), S. 134–147.

Abb. 2
Fächer von Anna Rodenbach mit einem Gedicht Stéphane Mallarmés und zwei Unterschriften befreundeter Künstler, rote Tinte auf Papier, Durchmesser 39,3 cm, Bibliothèque royale de Belgique, Bruxelles.

Genuss» des selbstreferentiellen Sprechens – Grenzen überschreiten.[10] Konventionen, auch in der Intimität privater Zueignungen, ändern sich.

SM im Schilf der grünen Blätter

«A Madame Georges R.» ist ein anderer Fächer von Mallarmé mit roter Tinte und sorgfältig kalligraphierten Buchstaben zugeeignet, wobei das «A» signalisiert, dass der Fächer gleichermaßen *an* sie gerichtet und *für* sie gestaltet ist *(Abb. 2)*. Mit A beginnt der Vorname Anna; «A.» war seit 1888 die Ehefrau des belgischen Dichterfreundes Georges Rodenbach. Auch hier steht zum ‹Aufschlag› eine poetische Zeigegeste, die mit dem Material spielt. «Ce peu d'aile», «Dies wenige eines Flügels» soll hier nicht – wie im Fächer für Geneviève – «Genüssen» dienen, sondern sie vielmehr eher untersagen, nämlich die Belästigung seiner Trägerin durch «Qualm» und Zigarrengeruch, bildlich als «Wolke» und «Tabak» gefasst. «Ce peu d'aile assez pour proscrire / Le souci nuée ou tabac / Amène contre mon sourire / Quelque vers tu de Rodenbach.»[11] «Dies Flügelchen taugt zum Lindern / Der Not, ob vom Qualm, ob Tabak / Gegen mein Lächeln wird's bringen / Manch stillen Vers von Rodenbach.» Dass Mallarmé hier dem Fächer einen sozialen Dienst, ja eine Aufgabe aufbürdet, von dem die Avantgarde die moderne Kunst gerade freihalten wollte – auch das gehört zum Spiel dieser Gelegenheitsverse. In einem berühmten Porträt Édouard Manets hält Mallarmé in der rechten Hand, abgelegt auf weißem Papier, eine qualmende Zigarre. Viel «Qualm» – auch um «Nichts» – gehört von Anfang an zum Erscheinen der Avantgarde.[12]

Im zweiten und dritten Vers dieses Fächers spricht offenbar die Frau, deren «Lächeln» hinter dem als Schutzschild gegen «Qualm» aufgestellten Fächer zeitweise verborgen ist. Sie evoziert einen «stillen Vers» von ihrem Mann – oder probiert und emanzipiert sich «Madame» hier gar selbst als Dichterin? Der gesamte Vers schmiegt sich dem floralen japanischen Dekor an, mit der Endsilbe «bach» als feiner roter Linie über einer doppelten pflanzlichen Struktur: Das kleine «b» überschreibt als verschnörkelte Knospe eine Kreuzung von aufwärts ragendem, schmalem grünem Blatt und fedrig herabhängenden roten Fasern, als blühten tatsächlich unter dem nährenden Wasser auch die kalligraphierten Buchstaben auf.

Oberhalb der schilfartigen grünen Blätter finden sich Mallarmés in roter Tinte zu einem verschlungenen Signet übereinandergelegte Initialen «SM», die ein Hybrid aus Formen europäischer Künstlersignatur und dem gleichfalls roten üblichen Stempel auf japanischen und chinesischen Drucken bilden.[13] Die codierte Signatur hat so das letzte Wort – und sie hat es auch wieder nicht. Zwei weitere Unterschriften in schwarzer Tinte, von Mallarmés Künstlerfreunden Puvis de Chavannes und James McNeill Whistler, und die Adressierung der Fächer-Besitzerin «Madame George R» unterzeichnen das Gedicht mehrfach. Und darauf folgt noch die Signatur «Stéphane Mallarmé» in roter Tinte unter dem Strich der Fächerfalte. Zugleich steht Mallarmés Name bei einer ‹japanischen› Lektüre und Betrachtung des kunst-

11 Rollet (Hg.): Rien qu'un battement du ciel, S. 63, Nr. 31.

12 Vgl. das Kapitel «Ein Schaum, ein Nichts, die Poesie in Schwarz-Weiss» in meinem Buch. Cornelia Ortlieb: Weiße Pfauen. Flügelschrift. Stéphane Mallarmés poetische Papierkunst. Die Vers de circonstance – Verse unter Umständen, Dresden 2020, S. 32 ff.

13 Vgl. zu Mallarmés Faszination für die graphische Gestaltung der (für ihn unlesbaren) Zeichensprache japanischer Fächer Marshall C. Olds: Under Mallarmé's Wing, in: FANA Quarterly, XIX (2001), H. 4, S. 6–28.

voll verzierten Accessoires von rechts nach links an erster Stelle – und der jeweilige Auftakt seiner Verse bliebe in der dann vorletzten Falte des Papiers, direkt unter dem kostbaren oberen Goldrand, bis zuletzt vor Augen. Der in vielen Signaturen aufscheinende Dichter ist im Flügelschauspiel überall präsent, im Auftritt wie im Abgang, und zeichnet verantwortlich für das Gesamtschauspiel.

Marmor, Schwan und Lilien

Gräser und Farne sind typische florale Muster auf den Papierfächern – die ihrerseits die Japonismus-Mode der Zeit illustrieren.[14] Ein besonders schönes Exemplar von Fächer zeigt, dass auch Elemente botanischen Wissens in die poetische Bildsprache der Fächergedichte verpflanzt werden. Wie in den galanten Praktiken der höfischen Rokoko-Kultur geht es um Variationen des Andeutens und stillen Entschlüsselns, so dass die einzelnen Sprechakte und Gaben eigentümlich zwischen öffentlich Sichtbarem und Verborgenem oszillieren.

Das Mitlesen und Entziffern anderer Personen ist dabei stets eingedacht und antizipiert. Die Selbstbezüglichkeit der Fächer mit floralem Dekor hat mit der teils ununterscheidbaren Doppelung von buchstäblicher und metaphorischer Rede im steten Zusammenspiel mit dem realen Körper des Fächers zu tun, wie ein Fächer für Mallarmés Bekannte Nelly Marras schön illustriert. Sie war verheiratet mit Jean Marras, dem Leiter des Pariser Marmordepots auf der «Schwaneninsel». (Ein Exemplar von Mallarmés Essay *La Musique et les Lettres* von 1895, das Marras als Empfänger der Buchsendung ausweist, ist in der französischen Nationalbibliothek archiviert.[15]) Ein Teil des Textes auf dem Fächer ist als Anspielung auf die Lebensumstände des doppelt adressierten Ehepaars leicht zu dechiffrieren – oder ohnehin bekannt –, und es mag die Zeitgenossen nicht überrascht haben, dass das vierzeilige Gedicht bereits an dritter Stelle das Wort «Marmor» enthält: «Autour du marbre le lys croît – / Brise, ne commence par taire, / Fière et blanche son regard droit, / Nelly pareille à ce parterre.»[16] *(Abb. 3)*

Die französische Sprache ist überaus reich an Homonymen, die in einer wörtlichen Übersetzung notgedrungen leider nicht

14 Vgl. Siegfried Wichmann: Japonismus. Ostasien – Europa. Begegnungen in der Kunst des 19. und 20. Jahrhunderts, Herrsching 1980.

15 Stéphane Mallarmé: La Musique et les Lettres, Paris 1895, https://gallica.bnf.fr/ark:/12148/bpt6k113400g/f6.item.

16 Mallarmé: Vers de circonstance, S. 42, Nr. 5.

alle auftauchen können: «Rund um Marmor wächst die Lilie – / Luftzug, schweige ab jetzt nicht mehr, / Stolz und weiß blickt gerade sie / Wie Nelly auf dieses Parterre». Im französischen konjugierten Verb «croît» von croître («wachsen») klingt, ununterscheidbar, «le croix», das Kreuz, mit, so dass die Kombination von «Marmor» und «Kreuz» an christliche Kirchen oder Friedhöfe denken lässt, wiewohl mit dem Material unweigerlich eine antike Kultur und ihre neuzeitliche Renaissance im vollendeten Kunstwerk der –«weißen» – Marmorskulptur aufgerufen ist.

Die «weiße Lilie», die Blume der Trauer, ist ein Symbol Marias, deren ‹Reinheit› und Jungfräulichkeit sie betont, und in Frankreich in der politischen Ikonographie ein florales Zeichen königlicher Herrschaft. Dieser alteuropäischen Statik setzt der zweite Vers jedoch die Bewegung des im Luftzug angesprochenen Fächerns entgegen, die im dritten Vers das Gesicht der Besitzerin freilegt. Das Gesicht ist wie die Lilie «stolz und weiß», wie die evozierte Verbindung aus Blüte und Stein, und nach unten gewandt, auf den Boden, die Erde, einen Blumengarten, «le parterre», und den im Deutschen gleichfalls so benannten unteren Bereich in einem Theater («Parterre»), das in einer im 19. Jahrhundert geläufigen Metonymie auch das dort versammelte (weniger illustre) Publikum meinen kann. Auch dieser Fächer weist so, nach der Evokation stolzer königlicher und sakraler Herrschaftszeichen, am Ende auf Orte, wo er im Gesellschaftsspiel ganz irdisch zum Einsatz kommt.

Aber auch hier bleibt eine angedeutete Dechiffrierung der Verse unvollständig ohne den Blick auf den Fächer als Schriftträger und materiellen Gegenstand. Das Arrangement von Schrift und Zeichen ist auf dem gefalteten weißen Papier eines halbrunden Fächers zu sehen, dessen Mitte mit zwei weit geöffneten, blühenden Königslilien geschmückt ist. Sie bilden gemeinsam ein stilisiertes «V», das sich im dunklen Grün der Blätter-Reihen rechts und links der beiden Stängel vielfach wiederholt und im Mallarmé-Kosmos ohnehin besondere Zeichenkraft innehat.[17] Die beiden vereinzelten Lilienblüten im ikonischen Weiß geben mit weit geöffneten Blütenblättern den Blick in ihr gelbes fruchtbares Zentrum frei, auf Pollen und Nektarien, deren Farbe im rechts platzierten, symmetrisch gestalteten und wiederum

17 Mallarmé hat die angedeutete V-Form einer gezeichneten Vogelschwinge häufig für Signaturen verwendet. Vgl. mit weiteren Beispielen (in Abbildungen) Cornelia Ortlieb: Weiße Pfauen.

Abb. 3
Fächer von Nelly Marras mit einem Gedicht Stéphane Mallarmés, rote Tinte auf Papier, Durchmesser 33 cm, Bibliothèque Jacques Doucet, Paris.

V-förmig die Flügel öffnenden Schmetterling auffällig wiederholt wird. Zudem ist diese spezielle Lilie, *Lilium regale* – die mit der reinweißen Sonderform *album* erst 1910 aus den Höhenlagen des chinesischen Sichuans erstmals nach Europa gebracht worden ist–, ‹exotisch› und ‹modern› zugleich. Mitsamt dem Schmetterling als Schmuck fernöstlicher Bildsprache bildet die «Lilie», die mit ihrem geraden Wuchs bis zu 180 cm menschliche Körpergröße erreichen kann, ein in die Natur verzweigendes System, das die Potentiale poetischer Sprache noch einmal floral übersteigert.

Diese kleine avantgardistische Materialschau kann nur andeuten, welchen Reichtum die Gelegenheitsgedichte Mallarmés –

482 sind es an der Zahl – enthalten, als einzigartige Verbindung von Ding, Dekor, Bild und Schrift. Und sie fächelt uns ganz beiläufig den Titel zu, unter dem all diese Gedichte von Mallarmé versammelt sind – *Vers de circonstance, Verse unter Umständen:* Adressiert an die Künstlerfreunde, aber besonders an die vielen einstmals berühmten, heute teils namenlosen Frauen, die in Paris dieses eigentümlich anachronistisch anmutende Schreiben inspiriert haben. – Geschlechterrollen und Zueignungen ändern sich – heute würde das Zepter wohl anders durch die Luft wirbeln. «Unter Umständen ...»

Bildnachweis: Abb. 1–3: Mit freundlicher Genehmigung des Musée départemental Stéphane Mallarmé, Vulaines-sur Seine.

Durs Grünbein

Poesie, Philosophie und ihre Peripetien

1.

Henri Bergson träumte einmal, er sei Sigmund Freud. Und Freud sah sich im Traum in der Rolle Friedrich Nietzsches. Und Nietzsche erkannte sich, bevor er seine Briefe mit *Dionysos* oder *Der Gekreuzigte* unterzeichnete, in René Descartes wieder, dem ersten Icherzähler der Philosophie. In seiner ersten großen Aphorismensammlung, in der vom Traumdenken die Rede ist, lässt er ihn für sich sprechen – «An Stelle einer Vorrede». Jakob Böhme, ein einfacher Schuster und Visionär, träumte, er sei mit Jesus Christus durch alle Höllenpforten des Geistes gegangen. Er konnte von sich sagen, dass er bei Tag oder Nacht in einer Viertelstunde mehr gesehen habe, als wenn er viele Jahre auf hohen Schulen gewesen wäre. In seiner mystischen Daseinsfülle waren ihm Traum und Wachen ein und dasselbe. Das sind die Denker, die bei den Dichtern ankommen.

Im Traum begegnen auch Philosophen sich in der Rolle des Anderen, hinter geschlossenen Lidern erscheinen die Körper austauschbar, wird Seelenwanderung zum Erlebnis. Anders gesagt: zur unwiderlegbaren Erfahrung.

Adorno träumte eines Tages, er solle gekreuzigt werden, in einem anderen Traum wird ihm eingeflüstert, dass Hölderlin nur Hölderlin hieß, weil er immer auf einer Holunderflöte spielte. Walter Benjamin träumt von einem Besuch im Goethehaus und sieht dort im Gästebuch seinen Namen bereits eingetragen – in Kinderschrift. Von Heidegger weiß man, dass er sich nach dem Krieg, der mit Deutschlands Zertrümmerung endete, insgeheim als der wiedergekehrte Heraklit sah, auf seinen Wanderungen durch den Hochschwarzwald, in einer Art dauerndem Tagtraum.

Descartes war von anderer Art, in seinen Träumen versuchte er sich zu behaupten als der, der er sein wollte. Einmal begegnete ihm im Traum auf einem Schulhof ein Mann, der ihm eine Melone aus einem fremden Land anbot. Sigmund Freud vermutet in einem Brief, den ihm ein Leser schreibt, dass hier «die Reize der Einsamkeit, aber ausgedrückt in rein menschlichen Verlockungen» dargestellt seien. Es habe sich, erklärt der Verfasser der *Traumdeutung*, um eine Kategorie von Träumen gehandelt, die wir als «Träume von oben» bezeichnen. «Der Trauminhalt ist in solchen Fällen gewöhnlich ein abstrakter, poetischer und symbolischer.» Descartes also befand sich in seinem Bett in der Lage des Dichters. Dabei konnte er sich kaum auf den Beinen halten, ein Sturmwind drohte ihn fortzublasen. Ob dieser Sturm vom Paradies her wehte, war nicht seine Frage. Ein Engel vielleicht hätte ihm Auskunft geben können. Aber zu seiner

Zeit kam es eher darauf an, die bösen Geister abzuwehren und mehr noch: die übermächtigen Patriarchen der Metaphysik. Nie wäre es ihm in den Sinn gekommen, er könnte ein anderer sein als das philosophische Weltkind, als das er sich selber sah. Der vom Schicksal Begünstigte, der allen Wirbelwinden trotzt, Funkenregen, Blitz und Donner, einer Welt in Aufruhr, dank der neuen Physik, deren Grundlagen er in den folgenden Jahren ausarbeiten sollte. Er hatte seinen Weg eingeschlagen, der ihn von der wertgeschätzten Poesie und allen haltlosen Träumereien fortführte in die Annalen der Geschichte der Philosophie und der neuzeitlichen Wissenschaft.

2.

Ein Autor versteckt sich am besten zwischen den Zeilen – das ist der älteste Unterschlupf. Descartes war der Erste, der von Descartes träumte, also von sich. Viele wandeln auf schwankendem Grund, wissen nicht, wer sie sind, arbeiten sich ein Leben lang an anderen ab. Wärst du nicht gern René Descartes gewesen, habe ich mich, es ist lange her, in einem Buch, einem Roman aus Versen, gefragt. Viele der Autoren, die ihn seinerzeit verwirrten, sind heute vergessen. Wer außer besonders beflissenen Lateinschülern kennt noch Ausonius und seine Idyllen?

Eines Tages kam mir die Idee, Dichter zu werden. Damals muss ich schon geahnt haben, wie absurd es ist, dies als Berufswunsch zu äußern. Ich behielt es also für mich. Aber nicht nur das, mir schwante schon, dass sich zwischen «Ich will …» und «Dichter sein» ein Boden auftut, den auch hunderte Gedichte niemals würden überbrücken können. Eine Schwierigkeit kam noch hinzu. Der Filmemacher und Poet Pier Paolo Pasolini war ihr begegnet, indem er mitunter ganz bewusst in einem nichtpoetischen Stil schrieb. Von ihm stammt die trotzige Zeile «Damit du mich nicht liest, wie man einen Dichter liest» aus einem Langgedicht mit dem bezeichnenden Titel *Who is me*. Dabei war es, als ich dies las, längst um mich geschehen. Ich wollte mein Leben möglichst der Sache widmen, die ich am meisten liebte.

Auch Descartes war in die Poesie verliebt. Schon als Schüler hatte er die Erfahrung gemacht, dass der Einfallsreichtum der Dichtungen den Geist aufweckt und mit Neugier anstachelt. Ein halbes Eingeständnis enthält sein Fazit, dass Beredtsamkeit, Poesie eher Geistesgaben als Früchte des Studiums sind. Das wusste auch Nietzsche und Schopenhauer, das wussten schon Platon, Aristoteles. Das wussten sie alle, während sie eifersüchtig die Poesie im Auge behielten. In ihren Schriften finden sich vielerlei Anzeichen für kleinere poetische Kehren, einen Ansturm der Sinne auf die Begriffe. Dabei hat jede Poetik, genau wie die diskursiven Operationen der Philosophie, ihre strenge Methode – und dies nicht nur als Wissen vom Wechsel der Töne, das streng genommen in den Bereich der Musikwissenschaft fällt. Hin und her wandern die Diskurse – von den Konzepten zu den Perzepten und wieder zurück – und werden mit jeder Wendung der Philosophiegeschichte nervöser.

Das Gedicht wehrt sich gegen den hierarchischen Aufbau der Welt, die genormten Wirklichkeiten, in denen Philosophie bei aller ontologischer Unruhe sich begrifflich einrichtet. Das ist seine Aufgabe, seitdem die Philosophie die Dichtung enterbt und aus den Wandelhallen vertrieben hat, in den Zeiten der Vorsokratiker. Mit einem wie Parmenides, der seine Gedanken *Über die Natur* nach dem Vorbild des Mythenordners Hesiod im Rahmen eines Lehrgedichts vortrug, war die Übernahme bereits vollendete Tatsache. Von ihm wird Aristoteles später im Komparativ sagen, er spreche mit »hellerer Einsicht«. Gemeint ist: heller als all die nicht ganz so hellen Dichter und Mythensänger, Homer inklusive. »Parmenides nämlich scheint das begrifflich Eine aufgefaßt zu haben«, wie es in der *Metaphysik* (I/5) des Aristoteles heißt. Bis zum heutigen Tag kommen die Philosophen gern auf diesen frühen Kreuzungspunkt zurück. So erst jüngst Jürgen Habermas in seinem Opus *Auch eine Geschichte der Philosophie*. «Parmenides interessiert sich freilich noch nicht wie Plato für den hierarchischen Aufbau der Welt; er entwickelt keine Ideenlehre. In seinem Lehrgedicht geht es um die ‹Methode›, den richtigen Weg zur Erkenntnis und nicht, wie noch bei den ionischen Naturphilosophen und Heraklit, um Beschreibung und Erklärung des Kosmos selber.»

Sobald die Uhren erst erfunden waren, hatte ein allgemeines Ticken eingesetzt. Der interessierte Mensch begriff nun, dass er sich die Zeit einteilen musste bei der Lektüre. Philosophische Schriften erfordern enorm viel Zeit zum Studium, sie müssen analysiert, dekonstruiert, nach Möglichkeit widerlegt oder mühsam generalüberholt werden. Zeit, die man auf Naturbeobachtung verwenden könnte, auf intensives Erleben, erotische Erfahrungen, Sprachanalyse oder den Kampf um die bessere Demokratie. Zeit, die auch die Dichtung beansprucht, wenn man sich auf sie einlässt. Ein gewaltiger Bücherberg steht uns vor Augen, ein wahres Alpengebirge der Literatur, der Fachliteratur, nach beiden Regionen hin aufgefaltet. Man sagt, du musst dich entscheiden, was dir im Leben wichtiger ist: Marcel Prousts *À la recherche du temps perdu* oder Georg Wilhelm Friedrich Hegels *Phänomenologie des Geistes*, um nur zwei der Gipfel zu nennen, in die das Nachdenken über unser aller Gewordensein, das gemeinsame anthropologische Gelände sich seither teilt. Aber kann man nicht beides haben, fragt sich der Patient in der geschlossenen Anstalt und trommelt gegen die trennenden Wände.

3.

Träumen, was ist das, Dichten? Noch immer scheint mir: eine Expedition ins weithin Unbekannte. Ich sage, aus einer Laune heraus: langsam in einer Kapsel vom Meeresgrund auftauchen. Alle Szenen, die man erlebt, alle Filme, die man gesehen hat, rückwärtslaufen lassen. Alle Städte, die man durchwanderte, noch einmal durchqueren, sehr langsam oder im Zeitraffer. Alle Konflikte mit den Menschen, denen man begegnete, alle Lieben, Affären, sexuellen Episoden wieder erleben, nur kristalliner, dramatischer. Die Bande der Surrealisten hatten davon eine Ahnung. Der Surrealismus war eine Strategie, die Sprache in Trance zu versetzen, zwischen Poesie und Philosophie die Grenzen fließend zu halten. «Rimbaud, erklär' uns, was du mit deinem Spruch gemeint hast.» War es ihm wirklich ernst mit dem Satz: «Denn ich ist ein anderer»? Man weiß nur, er ist oft unterwegs, weit fort von zu Hause, in Londons Armenhölle und bis ins Innere Afrikas vorgestoßen, immer aber bei sich. Und doch heißt es bei ihm, in aller Unschuld, die das Subjekt (der Philosophie) und erst recht den Namenlosen (den Pionier der Poesie) überschreitet: «Wir bejahen dich, Methode!» Ein Siebzehnjähriger überwindet sämtliche Gräben, auch die sozialen, und ist als der ewige Wanderer immerfort auf der Flucht.

Im Traum steigen wir aus der Bewegungsform Leben auf, tauschen die Position des Akteurs mit der des Zuschauers, der seine Handlungen wie die eines anderen erlebt. Stellen uns Fragen wie: Heißt das Ja «Ja» oder Nein «Nein»? Gleiten, bevor die Antwort kommt, in der eigenen Blase, der Schutzmembran für extreme Druckverhältnisse, in die Tiefe, tausend Meilen unter dem Meer. Die paar Verfolger streifen wir ab wie Seetang, der an der Ausrüstung klebt. Kehren durch Tag und Nacht, Luft und Wasser, Landschaften und Städte zurück und begegnen uns zuverlässig am Ende selbst, beim Auftauchen an der Oberfläche, Aufwachen. Schlaf ist nur eine Randbedingung. Dabei kann das Bewusstsein den Aggregatzustand wechseln.

Worauf will einer hinaus, wenn er sich der Dichtung verschreibt? Wenn er anstelle des einen personalen Ichs, das ihn durch die Tage steuert – Sachwalter des Überlebens in der Gesellschaft –, die «poetische Individualität» setzt, wie es Hölderlin nennt? Wüsste er es im Voraus, es würde ihm keine einzige Zeile gelingen. Es lohnt sich nicht anzufangen, wenn das Resultat des Ausdrucks schon feststeht. Und doch heißt Gedichte schreiben, das haben viele berichtet, die sich darin versuchten: in den innersten Archiven fündig zu werden, Texte zu dechiffrieren, die dort schon lange abgelegt waren. Mit schlafwandlerischer Sicherheit einer gedachten Linie folgend, die am Ende ohne dass es sich vorwegnehmen ließe, etwas Allgemeines ansteuerte: dem Naturgeschehen zugewandt, den geschichtlichen Prozessen, in den gelungenen Momenten der Schönheit in all ihren fraktalen Erscheinungen. Da ist das Gesetz des «poetischen Kalküls», von dem Hölderlin sprach – weniger ein formales System von Regeln, das sich standardisieren ließe, als vielmehr eine Beweglichkeit inmitten des Stroms, in dem die Begriffe treiben und die Thesen der Philosophen aufgebraucht werden.

Dabei ist das «poetische Subjekt» bloß ein leeres Gefäß, einer bestürzenden Einsicht zufolge, die John Keats, ein Zeitgenosse Hölderlins, in einem Brief an Richard Woodhouse vom 27. Oktober 1818 so formulierte: «Was den poetischen Charakter selbst angeht ... so ist er nicht er selbst – er hat kein Selbst – er ist alles und nichts. (...) Von allem, was existiert, ist der Dichter am unpoetischsten, weil er keine Identität hat. Er ist fortwährend darauf aus, nach einem anderen Körper zu suchen und ihn auszufüllen.» Hölderlin, Menons Klagen um Diotima: «Täglich geh ich heraus, und such ein Anderes immer ...» Woraus der Philosoph Giorgio Agamben den Schluss zieht: «Die dichterische Erfahrung ist die beschämende Erfahrung einer Entsubjektivierung, einer vollkommenen und rückhaltlosen Entverantwortlichung, die jeden sprachlichen Akt erfaßt und dem sogenannten Dichter einen Platz noch unterhalb des Kinderzimmers anweist.» Und Agamben geht noch weiter, indem er diesem infantilen Zombie, der da umherirrt, die verschiedensten Stimmen annimmt und oft binnen weniger Zeilen die Tonlage wechselt, als Individuum insgesamt in Frage stellt und es (im Idealfall) zum reinen Medium der Sprache degradiert. «*Ich spreche* ist also eine ebenso widersprüchliche Aussage wie, Keats zufolge, der Satz *ich bin ein Dichter*. (...) Die Aussage *ich bin ein Dichter* ist keine Aussage, sondern ein Widerspruch in sich selbst, sie impliziert die Unmöglichkeit, Dichter zu sein ...»

4.

Hölderlin war der eine, von dem wir wissen, dass er das Neuland des deutschen Idealismus zwei Mal durchwanderte, einmal in Richtung der Philosophie und dann, nach der frühen Kehrtwende, der entscheidenden Peripetie, in die Eigenrichtung der Poesie, bis er, in die innerste Enge getrieben nach so viel «Nicht-Ich», auf dem Punkt der «Selbstlosigkeit» am Ende gegen Wände trommelte und im Universitätsklinikum Tübingen als Wahnsinniger stillgestellt wird.

Anders als Goethe oder Novalis, für die der Fächer der neuen Wissenschaften strahlend wie ein Regenbogen über ihrem Werk aufging, eine Wolke aus dem Blütenstaub der Erkenntnis, schlug dieser eine hart auf dem Boden auf. Er retardierte, einmal auf antiken Grund gestoßen, zwischen den Wissenschaftslehren der Neuzeit und den erinnerbaren, historischen Zeiten (der Krieg um Troja, Jesu Christi Erscheinen, die Französische Revolution, die Napoleonischen Kriege), er beharrte, den Verheißungen einer eigenen Renaissance folgend, weder Romantiker noch Klassizist, auf seinen Visionen.

Als Einziger seiner Generation bewegte er sich in der trigonometrischen Äquidistanz von Mythologie, Geschichte und Wissenschaft. Darum spricht vieles dafür, dass er es war, dem im Austausch mit den Zimmergenossen Hegel und Schelling im Tübinger Stift die Inspiration zum ältesten Systemprogramm des deutschen Idealismus zu verdanken ist, vermutlich auch die Endredaktion. Darin heißt es: «Die erste Idee ist natürlich die Vorstellung *von mir selbst* als einem absolut freien Wesen.» Und im Zuge der Rückeroberung ältester Positionen: «Die Philosophie des Geistes ist eine ästhetische Philosophie.»

Die Idee, die schließlich alles umfassen und vereinen soll, ist die Idee der Schönheit. Jedenfalls nicht die des Staates, der nichts als ein Räderwerk ist, etwas Mechanisches, eine Maschine, die den potentiellen Krieg aller gegen alle in Griff hält und regelt. Dagegen ist Schönheit eine universelle Bindungskraft, gerade weil sie so vieles sein kann und sich in so vielen Einzelheiten zeigt, im Großen wie im Kleinen – eine Strophe, ein Körper (Frau oder Mann), eine Landschaft, ein Tier, eine Pflanze, ein Krater etwa, im Doppelsinn von Vulkanabgrund oder Trinkgefäß, mit einer feinen, rotfigurigen Zeichnung «Odysseus bei Nausikaa». Das studentische Trio aber war sich darin einig: «Der Philosoph muß ebensoviel ästhetische Kraft besitzen als der Dichter.» Anders gesagt: «... die Dichtkunst allein wird alle übrigen Wissenschaften und Künste überleben.» Ist das so? Das müde Lächeln, das die Selbstgewissheit solcher Aussagen erschüttert, kennt jeder. Wir haben die Politik, den Krieg und das Alltagsleben als unveränderliche Erfahrung, was aber bleibt – «stiften die Dichter»? Bis gestern wäre der naive Leser dem noch gefolgt, was aber fangen wir heute mit solcher Weltfremdheit an?

Heute wird für den Einzelnen, der schreibt, und es scheinen Millionen zu sein, die das tun, zur Erfahrung: Wenn das Gedicht fertig ist, weiß einer mehr, ein wenig mehr – über sich und die Welt. Das ist das Spiel: schreiben, bis etwas herausgefunden ist, das über einen selbst hinausweist, die kleine anthropologische Überschreitung. Erst danach ist man klüger. Es gibt das Poetisch-Kritische, das gibt es. Keine Poesie, wenn sie bei Trost war, kam je ohne das kritische Denken, den Impuls der Philosophie, über die Runden. Nicht nur als Kritik ihrer Formen und Methoden, Arbeit an der Logik des Erinnerns (den wechselnden Zeitformen), sondern auch als Infragestellung des prekären, so gut wie unhaltbaren Punktes jedes Einzelnen in Gesellschaft, Geschichte und Evolution. Um im Bild zu bleiben: der Dichter hinterlässt einen genetischen Fußabdruck in der Sprache, der wird wohl bleiben. Die Spur Hölderlins ist in dieser Hinsicht mehr als deutlich. Oder, wie es ein anderer Mitspieler an diesem Spiel – und nicht mehr als das ist die Dichtung –, Oskar Pastior, selber ein Mann des Kalküls, in schalkhafter Übertreibung einmal formulierte: «Hölderlin ist eine dem Deutschen verwandte Sprache.»

Meine Fußnote zu diesem Hin und Her der philosophischen wie der poetischen Erkundungen ist diese. Ich denke, es bleibt dabei: die Verfahrensweise des poetischen Geistes ist eine ganz eigene. Poetische und philosophische Einbildungskraft fahren auf verschiedenen Gleisen. Es ist so, als würde das Denken in beiden Richtungen systematisch aneinander vorbeirauschen. Es gibt aber Knotenpunkte, die gibt es, Umsteigebahnhöfe, Schalterhallen der zufälligen Begegnungen, gemeinsame Abstellgleise, Schwellen und Böschungen, an denen man sich im Berufsverkehr kreuzt. Mir sind immer nur Dichter und Dichterinnen auffällig geworden, die mit der Philosophie auf Augenhöhe verhandelten.

Und eines Tages ist einer wie Descartes mir zum Leitstern geworden – der Prototyp des neuen okzidentalen Denkers: entwurzelt, erkenntnisgetrieben, zweifelnd in jegliche Richtung. Das ist der Mann, dem wir die Erfindung des modernen «Ich» zu verdanken haben, dieses Agenten der Kognition, der Kosmoserkundung, des kritischen Denkens. Dabei ist es geblieben. Noch immer scheint man davon auszugehen, dass die Künste Talent zur Voraussetzung haben, also Begabung sind, letzten Endes vermutlich ein Ingenium, vielleicht ein Defekt, vielleicht aber auch ein Geschenk. Während alles andere erworben und geübt werden muss durch fleißiges Studium. Dichtersein heute, unter den Bedingungen einer ausdifferenzierten Gesellschaft heißt, sich von Anfang an selber zu organisieren, alles auf eine Karte zu setzen, oftmals vergeblich, aber hin und wieder doch nicht. Zitate sind Rettungsanker. Ein Wahlspruch, der mich oft gerettet hat, ist dieser von Paul Valéry: «Manchmal bin ich, manchmal denke ich.»

Till van Rahden

Die Kleingedrückten

Zur politischen Algebra von «Minderheit» und «Mehrheit»

Angesichts zahlreicher sich Gehör verschaffender «Minderheiten» und Veröffentlichungen über sie, überrascht, dass es keine Studie zur Geschichte des Begriffs «Minderheit» gibt.[1] Diese noch zu schreibende Geschichte eines sozialen und politischen Grundbegriffs soll hier mit ein paar Randbemerkungen skizziert werden. Beim Nachdenken über das Schlagwort stößt man alsbald auf das Jahr 1919. Als politische Figur ist das polare Begriffspaar («Minderheit»/«Mehrheit») ein Produkt der Zeit nach dem Ersten Weltkrieg, als vier europäische Imperien zusammenbrachen und sich die Ideen der Demokratie und des homogenen Nationalstaats etablierten. Aber der Reihe nach.

Die Moral der Mehrheit

Im 15. Jahrhundert waren die Begriffe «Minderheit» («Minorität») und «Mehrheit» («Majorität») noch stark von einem politisch biologischen Alter imprägniert. Sie bezogen sich auf den Zustand der Minderjährigkeit, auf das Alter bzw. den rechtlichen Status der Mündigkeit. Im Jahr 1739 enthielt Zedlers *Großes Universallexikon* weder ein Lemma zu «Minderheit» noch eines zu «Minorität», sondern allein einen Eintrag zum Stichwort «Minderjährig». Auch in der *Encyclopédie* findet sich kein Stichwort für «minorité», im Gegensatz zu einem Eintrag über «majorité», in dem es heißt: «[E]st un certain âge fixé par la loi, auquel on acquiert la capacité de faire certains actes.»[2] Vorstellungen von körperlicher, rechtlicher und moralischer Reife waren verschränkt.

Wenn das Begriffspaar von «Mehrheit» und «Minderheit» zwischen dem 17. und dem 19. Jahrhundert verwendet wurde, dann in erster Linie in Diskussionen über Fragen der moralischen Skalierung. Laut dem *Oxford English Dictionary* bezeichneten die Begriffe «minor», «minorité», «minoritas» und «minorem» ursprünglich «the condition of or fact of being smaller, inferior or subordinate»; sie gingen mit der Vorstellung der rechtlichen und politischen, intellektuellen und moralischen Minderwertigkeit einher. Bezeichnenderweise unterschied Campes *Wörterbuch der Deutschen Sprache* von 1809 zwei Bedeutungen des Begriffs der «Minderheit»; die erste bezog sich auf den «Zustand da etwas minder als ein anderes ist, sowohl in Ansehung der Zahl, Menge, als auch in Ansehung der inneren Stärke und der Würde. ‹Da alles Edle nur ein Vorwurf ihrer Minderheit scheinet.› Meyer 2) Die mindere oder kleinere Zahl (Minorität); im Gegensatz der Mehrheit. ‹Die Minderheit der Stimmen.›» Dominant war die moralische Wertung, die arithmetische Dimension dagegen nachrangig.[3]

Auch in der politischen Semantik markierte das Begriffspaar von «Mehrheit» und «Minderheit» zunächst ein Verhältnis der moralischen Platzzuweisung. Im späten Mittelalter und in der frühen Neuzeit begrenzte das Prinzip des *maior et sanior pars* den Aufstieg des rein numerischen Mehrheitsentscheids. Solange der größere und vernünftigere Teil als maßgebend galt, war für eine legitime Mehrheitsentscheidung nicht die Stimmzahl entscheidend. Vorrang hatte das größere Gewicht und die höhere Autorität derer, die dank ihrer Klugheit, ihres Ansehens und ihres Gerechtigkeitssinns als vernünftig galten. Stimmen wurden nicht gezählt, sondern gewogen.

Seit dem 18. Jahrhundert markierte der Begriff der «Minderheit» darüber hinaus eine Fraktion, die in einer Repräsentativversammlung gegen die Mehrheit stimmte. Im parlamentarischen Alltagsgeschäft bezeichnete das Begriffspaar somit eine numerische Gleichung. Da sie auf einem unvorhersehbaren Ausgang von Wahlen gründete, lag auf der Hand, dass die Kategorien temporär waren und die Vorzeichen wechseln konnten. Die Mehrheit von heute konnte die Minderheit von morgen sein und umgekehrt.

Die Normierung der Rechtsmündigkeit, die Idee der moralischen Reife und Unreife sowie das politische Instrument der Mehrheitsentscheidung im Parlament: Diese drei Bedeutungen des Begriffspaares von Mehrheit und Minderheit waren bis zu

Beginn des 20. Jahrhunderts so gängige Münzen, dass sich an ihnen keine Kontroversen um den Begriff entzündeten.

Eine andere politische Farbe nahm das Begriffspaar an den Rändern von Imperien an – etwa in der Provinz Quebec und in der Auseinandersetzung um die *Home Rule* in Irland nach 1886, in Konflikten in Britisch-Indien und am Rande des Habsburgerreiches.[4] In diesen politischen Grenzräumen war das Ringen um Fragen der «Verschiedenheit» besonders heftig. Der moralische *common sense* über «Mehrheit» und «Minderheit» wurde hier angereichert mit dem kulturalistischen Sprengstoff imperialer Konflikte.

Trotz dieses Bedeutungszuwachses war «Minderheit» um 1900 noch kein Grundbegriff der kulturellen und nationalen Anerkennung. Zeitgenossen beschränkten sich auf eine «bloße Aufzählung vorhandener Gruppen» – als «Volksstämme» oder «Nationalitäten», «Stämme» oder «Völkerbruchteile», «Religionsgemeinschaften» oder schlicht als «fremde Elemente».[5]

Sommer 1919 – ein Gedanke marschiert

Das politische Konzept von «Minderheiten» hat mit dem Sommer 1919 ein konkretes Geburtsdatum. Der Begriff wurde in den Kämpfen um Anerkennung in den Zwischenkriegsjahren zu einer politischen Vokabel. Als Rechtstitel nahmen die Pariser Friedensverhandlungen von 1919 «Minderheiten» in die Verträge auf. Im Anschluss an die Vorortverträge erschienen zahllose Artikel, Pamphlete und Bücher. Enzyklopädien und Fachlexika nahmen den neuen emanzipatorischen Rechtstitel umgehend auf. Überall in Europa widmeten sich neugegründete Zeitschriften dem Thema. Zugleich schossen neue Komposita wie «nationale Minderheit» und «Minderheitenrechte», «Minderheitenschutz», «Minderheitenpolitik» oder «Minderheitenstatistik» ins Kraut. Der «Gedanke marschiert!», konstatierte 1923 das *Politische Handwörterbuch:* «Wie der Nationalismus die Welt umgestaltete, so wird die völkisch-nationale Bewegung der Minderheiten und unterdrückten Mehrheiten ihr ein anderes Gesicht geben, mehr als es die soziale Revolution jemals vermögen wird.»[6]

In wenigen Jahren bündelte der Begriff der Minderheit zahlreiche auch widersprüchliche Bedeutungen. Je vieldeutiger die politische Vokabel auch in religiöse oder völkische Richtungen ausfranste, desto freier wurde sie für die Begründung von Anspruchshaltungen quer über den gesamten politischen Farbenbogen, von Sozialisten und Sozialdemokraten über Linksliberale und konservative Liberale bis hin zu faschistischen Bewegungen.

Der politische Diskurs der Zwischenkriegszeit kreiste um die Frage, ob die rechtliche Anerkennung als Minderheit auf der Religion oder der Kultur, der Sprache oder der Sitte, der Rasse oder der Nationalität beruhe. Strittig war zudem, ob es sich dabei in erster Linie um eine erweiterte Form der individuellen Freiheitsrechte handelte oder ob der Minderheitenschutz Gruppenrechte voraussetzte, die Vorrang vor den Rechten des Einzelnen besitzen müssten, weil sie allein vor «der Entnationalisierung» schützten, wie Rudolf Laun 1930 im *Handbuch des Deutschen Staatsrechts* betonte.[7] Eine andere offene Frage war, ob Migranten durch die kleine europäische Völkerwanderung im Zuge der nationalen Staatenbildung nach dem Ersten Weltkrieg in das Recht des Minderheitenschutzes kommen sollten, wobei der Begriff des «Migranten» ebenso umstritten war: Die polnische Nachkriegsregierung sprach Juden den Status der nationalen Minderheit zunächst ab, weil sie als Migranten galten, auch wenn sie bereits im 16. Jahrhundert in die polnischen Gebiete zugewandert waren.[8]

Dass «Minderheitenrechte» in der Zwischenkriegszeit eine so heiß umstrittene Kampfzone waren, erklären viele mit Verweis auf den Zerfall der multiethnischen Imperien. Als Folge der Pariser Verträge kam es zu einer territorialen Neuordnung in Mittel- und Osteuropa. In den neu entstehenden Staaten traf das junge Gebilde des Nationalstaats auf ein althergebrachtes Gewebe der Vielheit, das als Überrest der Vielvölkerreiche den Alltag prägte.

Diese kleine begriffsgeschichtliche Sondierung des Feldes legt eine andere Erklärung nahe. Dass die politische Vokabel sich in kürzester Zeit verbreitete, hatte weniger mit dem Zerfall der multiethnischen Imperien zu tun als mit der Etablierung der Demokratie als politisches Modell nach dem Krieg, auch wenn diese in vielen Ländern nur von kurzer Dauer war. Was auf den ersten Blick eng mit dem völkischen Tribalismus der 1920er Jahre verbunden zu sein scheint, ist tatsächlich Folge einer paradoxen Grundstellung, die dem demokratischen Projekt konstitutiv zugrunde liegt. Das Ideal der parlamentarisch organisierten Demokratie beruht zwar auch auf dem allgemeinen Wahlrecht, doch vor allem auf dem Mehrheitsprinzip. In den Demokratien der Zwischenkriegszeit besaßen alle Bürger und oft auch alle Bürgerinnen das Wahlrecht. Im Prinzip beruht die demokratische Herrschaft auf der freiwilligen Zustimmung der Beherrschten. Praktisch handelt es sich dabei jedoch nicht um die Zustimmung aller, sondern allein um die Zustimmung der Mehrheit der Wahlberechtigten.

Die Demokratie steht für das Prinzip der rechtlichen Gleichheit, während die bürgerlichen Freiheitsrechte einen Anspruch auf Verschiedenheit begründen. In einem liberalen Verfassungsstaat hat die Minderheit die gleichen staatsbürgerlichen Rechte wie die Mehrheit. Der Siegeszug des allgemeinen Wahlrechts nach dem Ersten Weltkrieg ging einher mit demokratischen Homogenitätsideen und der Angst vor dem Anderen, auch dem im Inneren «Fremden», die sich in der Rede vom «Minderheitenproblem» niederschlug. Je mehr sich die Vorstellung von einer demokratischen Gleichheit ausbreitete, desto stärker wuchs andererseits die Sorge vor der «Tyrannei der Mehrheit», die die Idee der Volkssouveränität als Schatten von ihren Anfängen an begleitet, und desto dringlicher erschien das Prinzip der Minderheitenrechte.

Heal the world

Angesichts der Erfahrung des nationalsozialistischen Völkermords wuchsen die Zweifel an der im nationalstaatlichen Rahmen normierenden Kraft von Minderheitenrechten. Als die ersten Nachrichten aus den Todeslagern New York erreichten, verabschiedete sich der Jüdische Weltkongress von dieser Idee. Im November 1941 betonte Nahum Goldmann, die Minderheitenverträge seien «unzureichend», um eine «künftige Friedensordnung» zu begründen. Entscheidend war für den Mitbegründer des Jüdischen Weltkongresses die «Abschaffung des souveränen Staates und die Einrichtung von internationalen Organen mit Handlungs- und Zwangsbefugnissen». Notwendig sei eine «internationale Magna Charta», die «allen Individuen und allen besonderen Gruppen von Individuen – religiösen, ethnischen, sprachlichen, nationalen Gruppen – überall gewisse Mindestrechte garantiere». Eine Magna Charta der Mindestrechte sei dem Prinzip der Minderheitenrechte überlegen, «denn der Ausdruck der ‹Minderheitenrechte› beruht auf der Idee [...], dass ein Staat der Mehrheit gehört und die Minderheiten sozusagen Gäste dieser Mehrheit sind, denen Schutz vor der Mehrheit garantiert werden muss. Die Vorstellung, dass ein Mehrheitsvolk den Staat besitzt, ist eine falsche und reaktionäre Vorstellung. Ein Staat gehört denjenigen, die in ihm leben, als seine Bürger, die ihn aufgebaut haben; und religiöse, ethnische und sprachliche Unterschiede schmälern nicht ihren vollen Anspruch und ihr Recht, zu den Eigentümern des Staates zu gehören.»[9]

Damit wurde der Nutzen von Minderheitenrechten in Frage gestellt, die nach 1919 als Allheilmittel in Kämpfen um Anerkennung gegolten hatten. Wie so oft bei universell einsetzbaren Wundermitteln, hatten sich die Nebenwirkungen größer als die Heilwirkungen erwiesen.

Im Zentrum der liberalen Demokratie steht heute mehr und mehr die «Vielheit». Nicht im geografischen, aber doch im politischen Sinn sind alle Bürgerinnen und Bürger «Einwanderer», die in der demokratischen Öffentlichkeit ihrer jeweiligen Eigenart Ausdruck verleihen. Als fragwürdig erweist sich daher die oft in bester emanzipatorischer Absicht vorgebrachte Tendenz, «Verschiedenheit» und «Marginalität» in eins zu setzten. Solange «Vielheit» als Folge der Migration oder der Emanzipation ehemals entrechteter religiöser oder ethnischer Gruppen gilt, marginalisiert sich die «Minderheitenforschung» selbst.

1 Max Sebastian Hering Torres/Martin Rothkegel: «Minderheiten«, in: Friedrich Jaeger (Hg.): Enzyklopädie der Neuzeit, Bd. 8, Stuttgart 2008, Sp. 548–559. Zu dem Sachgebiet «71.63 (Minderheitenproblem)» verzeichnet allein der Katalog der Staatsbibliothek zu Berlin gegenwärtig fast 4600 Titel.

2 «Majorité», in: Denis Diderot (Hg.) : Encyclopédie, ou dictionnaire raisonné des sciences, des arts et des métiers, Bd. 9, 1751, S. 885.

3 «Minderheit», in: Joachim Heinrich Campe (Hg.): Wörterbuch der Deutschen Sprache, Teil 3, Braunschweig 1809, S. 287.

4 R. F. Frykenberg: The Concept of ‹Majority› as a Devilish Force in the Politics of Modern India, in: Journal of Commonwealth and Comparative Politics, 35/3 (1987), S. 267–274; Anna Adorjáni/László Bence Bari: National Minority. The Emergence of the Concept in the Habsburg and International Legal Thought, in: Acta Universitatis Sapientiae 16/1 (2020), S. 7–37.

5 Georg Landauer: Das geltende jüdische Minderheitenrecht, mit besonderer Berücksichtigung Osteuropas, Leipzig 1924, S. 7.

6 Hermann Willms: Minderheitenrechte, in: Paul Herre (Hg.): Politisches Handwörterbuch, Bd. 2, Leipzig 1923, S. 121–123.

7 Rudolf Laun: Volk und Nation; Selbstbestimmung; nationale Minderheiten, in: Gerhard Anschütz/Richard Thoma (Hg.): Handbuch des Deutschen Staatsrechts, Bd. 1, Tübingen 1930, S. 244–257, hier S. 256.

8 S. Jonassohn: Der polnische Staatsrat und die Rechte der nationalen Minderheiten, in: Neue jüdische Monatshefte 1/15 (1917), S. 467–472.

9 Nahum Goldmann: Post-War Problems, in: Congress Weekly, 28.11.1941, S. 5–7, hier S. 6 f.

Carlos Spoerhase

Abschied vom Großgedruckten

Im Herbst 1999 unterrichtete der *Guardian* seine Leser, dass man von nun an auf die Großschreibung der politischen Amtsträger verzichten werde: «the Home Secretary and the Foreign Secretary are now the home secretary and the foreign secretary».[1] Die Leser des linksliberalen Leitorgans sollten sich die britischen Minister nun nicht mehr als distinguiertes politisches Personal vorstellen, sondern als Bürger wie Du und Ich, «the sort of people you might find standing next to you in the queue for the bus». Das emanzipatorische Versprechen, durch typografische Nivellierung Barrieren abzubauen, machte damals nur vor den allerletzten Instanzen halt: Gott, die Bibel und die Königin waren knapp der Kleinschreibung entkommen. Die Queen mochte mit James Bond durch London fliegen oder Paddington zum *afternoon tea* mit Orangenmarmelade bitten; aber dass Sie morgens am Bus in der Schlange auf den *Guardian*-Leser warten könnte, sprengte wohl die Imaginationskraft. Woher kam die Assoziation von Kleinschreibung und Progressivismus, auf die die Redaktion des *Guardian* sich berief? Warum kann die Verbannung des Großgedruckten auf Kabinettsebene als ein Zeichen der Demokratisierung verstanden werden?

Richard Wendorf liefert Bausteine zur langen politischen Geschichte der Kleinschreibung.[2] Im 18. Jahrhundert zogen sich im Empire die Großbuchstaben schrittweise aus der weiten typografischen Welt zurück. Englischen Büchern des 17. und frühen 18. Jahrhunderts fehlte noch die Berührungsscheu vor der Majuskel: Alle für wichtig erachteten Substantive prangten in großen Lettern auf dem Papier. Am Kopf aller Eigennamen fand sich quasi als typografische Insignie ein großer Buchstabe – bei Gott und König ohnehin. Manchmal wurde die Größe der Großbuchstaben gar am sozialen Rang der bezeichneten Person ausgerichtet: Die Granden der höfischen Gesellschaft stolzierten in entsprechend großen Lettern über die Seite. Die Großschreibung war ferner ein gängiges Mittel der typografischen Auszeichnung, mit der besonders bedeutungsschwere oder geschichtsgewaltige Wörter markiert wurden oder auch Stellen, die im mündlichen Vortrag mit Emphase zu versehen waren. Oder sie zeichneten Begriffe aus, die als allegorische Figuren interpretiert werden sollten. Ende des 18. Jahrhunderts ändert sich das aber grundlegend. Die Buchseite, die sich um 1800 in der englischsprachigen Welt etabliert, ist der heutigen nicht unverwandt: Großschreibung nur noch am Satzanfang und in wenigen weiteren Ausnahmen. Wendorf zeigt, dass die grundlegenden Transformationen der Großschreibungen nicht durch behördliche Dekrete erwirkt wurden, sondern sich langsam in der Praxis der Buchherstellung durchsetzten. Gründe dafür gab es viele: In Grammatiken, Wörterbüchern und Druckerhandbüchern wurde auf die Standardisierung der Groß- und Kleinschreibung gedrängt. Und es wurden ästhetische und politische Gründe für die weitgehende Verbannung der großen Buchstaben angeführt. – Oder eben für ihre Beibehaltung. Schon Mitte des 18. Jahrhunderts beobachtete der Earl of Chesterfield, dass sich bei Eigennamen zunehmend die Kleinschreibung einbürgere. An seinen Sohn meldet er entrüstet, dass es seine Augen beleidige, dass nunmehr «rom, frankreich, caesar, heinrich IV etc. mit Kleinbuchstaben beginnen» («rome, france, cæsar, henry the fourth, etc. begin with small letters»). Ein derartiges Gehabe sei sogar unter dem Niveau eines Voltaire. Unter dem Niveau eines Thomas Jefferson war die Minuskel jedenfalls nicht. Jefferson verzichtete in seinen Manuskripten immer wieder auf die epochentypische Großschreibung, weshalb seine handschriftlichen Entwürfe der «Declaration of Independence» von 1776 nicht nur politische, sondern auch typografische Dokumente der Unabhängigkeit waren. In seinen Entwürfen wird der britische «king» klein geschrieben, dafür aber das freie Individuum, der neue Souverän ganz groß: «MAN». In den ersten gedruckten Fassungen der Unabhängigkeitserklärung verschwindet dieser revolutionäre typografische Impuls dann allerdings wieder.[3]

Thomas Paine hat diesen Impuls einer typografischen Politik 1791 in seinen «Rights of Man» aufgenommen, als er die alten Mächte des *Ancien régime* nicht nur in distanzierende Anführungszeichen setzte und kursivierte, sondern auch klein schrieb: «*aristocracy*», «*nobility*» und «*peer*». An deren Stelle wurde dann – wie schon bei Jefferson – ohne Anführungszeichen und in durchgängiger Großschreibung der Mensch («MAN») gesetzt. Wenn die Aristokratie in Frankreich um 1790 ihre Großbuchstaben verlor, musste das Konsequenzen haben, weil der Verlust der Majuskel *(decapitalization)* und der Verlust des Haupts *(decapitation)* nicht nur sprachlich aufeinander verwiesen. So hat es jedenfalls der Schriftsteller und Gelehrte William Hazlitt 1818 in seinen «Lectures on the English Poets» rückblickend geschildert: Nach der Französischen Revolution seien «Großbuchstaben im Druck genauso wenig erlaubt gewesen wie Adelspatente im wirklichen Leben» («Capital letters were no more allowed in print, then letters-patent of nobility were permitted in real life»). So nahtlos Emanzipation und Kleinschreibung hier aufgeht: Tatsächlich hatte die Enthauptung der Großbuchstaben schon vor der Revolution von 1789 stattgefunden.[4]

Gerade weil die Großschreibung lange nicht nur eine neutrale typografische Auszeichnung, sondern eine soziale Erhebung und politische Würdigung, ein Standeszeichen bedeutete, entfaltete sie ein enormes symbolisches Potential.[5] Diese kulturelle Aufladung erklärt, weshalb man sich immer wieder von der Vertreibung der Majuskel politische Fortschritte erhoffte, weshalb sich also typografische Leveller an der Buchstabenfront ohne größeren Aufwand als politische Egalitaristen inszenieren konnten. Diese Ineins-Setzung überschätzt aber wohl die Macht der typografischen Intervention: Den heutigen Lesern des *Guardian* werden ihre aktuellen Minister nicht weniger abgehoben vorkommen, weil sie keine Majuskel mehr stolz vor sich hertragen. Ob «home secretary» oder «prime minister»: Das Vertrauen in die politische Elite lässt sich nicht zurückgewinnen, indem diese im Druck kleingemacht wird.

1 Ian Mayes: Case history, in: The Guardian, 9.10.1999, URL: https://www.theguardian.com/books/1999/oct/09/books.guardianreview11 [abgerufen am 25.9.2022].

2 Vgl. Richard Wendorf: Printing History & Cultural Change. Fashioning the Modern English Text in Eighteenth-Century Britain. Oxford 2022, S. 143–161.

3 Vgl. zu Chesterfield und Jefferson v. a. Wendorf: Printing History, S. 126–140.

4 Vgl. zu Paine und Hazlitt v. a. Wendorf: Printing History, S. 30; vgl. zuvor schon die Darstellung von Gavin Edwards: William Hazlitt und the Case of the Initial Letter. In: Text 9 (1996), S. 260–279.

5 Gavin Edwards: Capital Letters, in: Textual Practice 24 (2010), S. 435–452, hier S. 438.

der ideenverräter

kleine ode auf hans magnus enzensberger

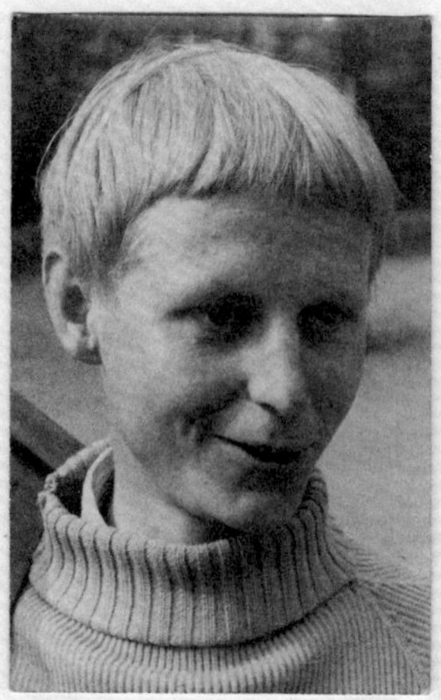

Verteidigung des Ponys. Hans Magnus Enzensberger als Student, Erlangen 1952 (© DLA Marbach).

Dieser junge Mann nimmt Äußerlichkeit genau. Die Gestaltung seines Debuts trotzt er seinem Verleger Peter Suhrkamp ab. Am liebsten möchte er alles sofort, gleichzeitig machen. Der Titel steht in weißer Handschrift auf schwarzem Leinen, auf dem Rücken des schmalen Bandes die Message in Maschinenschrift. «enzensberger • verteidigung der wölfe». Äußerlichkeit, sachliche Signale; alle Gedichte sind konsequent in Kleinbuchstaben gedruckt. «im ernstfall genügt auch / innerlichkeit, tragik, verkanntsein / in dachstuben. / – doch empfiehlt sich / bei konjunktur eher frivoles, natürlich im rahmen!» (aus: goldener schnittmusterbogen zur poetischen wiederaufrüstung) Dieser Dichter fiel aus dem Rahmen. Er wollte nicht verkannt sein; ihn drängte es heraus, aus der Dachstube, aus der Universität, schon früh in die Welt.

Gedichte heißen auf einmal: «option auf ein grundstück», «sozialpartner in der rüstungsindustrie», «call it love», «security risk». Als wäre es reiner poetischer Nektar, wirft Enzensberger sich technokratisches Zeugs aus Politik und Verwaltung zwischen die Verse – «vokabeln ohne aroma, keineswegs holzfrei» – und tanzt im gleichen Atemzug darüber hinweg. «ratenzahlung» wird artistisch kassiert; Terzinen stolpern über «sicherheitshauptämter». Alte Formen brechen sich an der neuen Regel der Regellosigkeit. Die AGBs der «absoluten Modernität», die der junge Joachim Kaiser schon im Gestus des Großkritikers an den frühen Gedichten lobte, die muss dem jungen Mann keiner mehr erklären.

Wir schreiben das Jahr 1957. Enzensberger ist ein *twentysomething*. Ein langer Sommer der Kritik steht vor der Tür. Die Situation war günstig für einen jungen Wolf. Nazis, Lebenslügen, Heuchelei – damit konnte das Land dienen; und Muff, Hässliches, allerlei Kleinkariertes, die einem Dichter zudem gehörig den Tag vermiesen konnten, gab es bei jeder Tramfahrt frei Haus. Die Jetztzeit der späten fünfziger Jahre schien es darauf angelegt zu haben, von einem jungen Mann Prügel zu beziehen. In seinem ersten Wolfsgesang hatte der Dichter seine Leser noch vor sich gewarnt – «hör nicht zu», «laß dich nicht fangen.» (aus: lock lied) Aber die Lämmer wollten mal wieder nicht hören. Die «bösen gedichte» im dritten Teil des Bandes wurden zum Ohrwurm einer neuen Generation. «ihr glaubt zu essen / aber das ist kein fleisch / womit sie euch füttern / das ist köder, das schmeckt süß». (aus: konjunktur) Der Köder der Kritik war gelegt. Für die eigene Konjunktur auf dem intellektuellen Markt war einstweilen gesorgt. So konnte es weitgehen. Wer den Betrieb erst durchschaut hat, die «Bewußtseins-Industrie» – wie Enzensberger sie bald darauf in kulturkritischen Essays auf den ideologischen Begriff brachte, für den konnte dieses Dichten, Schreiben und ein wenig Streiten wohl eine ganz vergnügliche Sache werden.

Dieser junge Mann schien für die intellektuelle Wiederaufrüstung der jungen Bundesrepublik wie aus einem goldenen Schnittmusterbogen entsprungen. Im Sommer 1956, ein Jahr vor dem Erscheinen der *verteidigung der wölfe*, waren die alten Platzhirsche gestorben, Benn und Brecht innerhalb weniger Wochen. Ein Himmelszeichen? Die Planstelle des politischen Dichters war ausgeschrieben, und die Wachablösung stand Ende der Fünfziger auf der intellektuellen Tagesordnung. Fritz J. Raddatz hat diese Stabübergabe in seinen Erinnerungen (*Unruhestifter*, 2003) in eine schöne Szene gefasst. Nach einem mächtigen Mittagsgelage schneiten «schwitzend, rotgesichtig und lärmend» Ernst von Salomon, Gregor von Rezzori und ein paar andere «Urviecher» der alten literarischen Welt in Raddatz' Büro hinein – Enzensberger und Hubert Fichte waren gerade bei dem Rowohlt-Lektor zu Besuch –, um den «Zoo» der neuen alerten Dichterjünglinge in Augenschein zu nehmen. Ein neuer Stil war zu besichtigen. Kein Monokel unter dem Pony, nirgends! Kein Herrenschneider, lieber Rollkragenpullover. Kein preußischer Stil, viel Geraschel, viel Papierprojekte. Kein Cognac zur Mittagsstunde, lieber ein Zigarettchen …

Das Gedöns um die großen Worte – Abendland, Metaphysik, die Fragebögen zur Schuldfrage – damit sollten sich die Alten plagen. Warum sollte er damit Zeit vertrödeln? Es gab so viel Neues, so viel Interessanteres zu entdecken. Vom falschen Pathos hatte er genug. In seiner Nürnberger Kindheit hatte Enzensberger die Aufmärsche und Ausdünstungen der Reichsparteitage hautnah miterlebt. Feierliche Ideen, auch die periodisch wiederkehrenden Gebote von «Konsequenz» und «Haltung» verströmten für ihn zeitlebens den Geruch von «Erbsbrei» und «Urin». Das schwere Grübeln unter dichten Augenbrauen, das sich als Habitus unter seinen Generationsgenossen vererbte – das Schicksal der Nation als Leiden des Dichters an sich selbst (von dem nur der Nobelpreis für einen kurzen Moment Erlösung verschaffte), das war nicht sein *cup of tea*. Das spitzbübische Moment, ein feiner spöttischer Zug um die schmalen Lippen, die flinken Augen immer auf dem Sprung, parfümiert mit einer Prise Snobismus – schärfer konnte der Kontrast zum alten Präzeptorenamt des Dichterfürsten nicht ausfallen. Bis ins hohe Alter hat Enzensberger das Staunen und die Begeisterungsfähigkeit, den Leichtsinn eines Kindes sich bewahrt und gegen die Räson der Erwachsenenwelt verteidigt. Dieser kindliche Zug passte als ästhetische Ausdrucksform gut zum halbsouveränen Staat, der ja auch lange Jahrzehnte brauchte, um politisch erwachsen zu werden. Hans Magnus Enzensberger und die Bundesrepublik, da schienen sich zwei gefunden zu haben – wenn auch anfangs in kritisch-polarer Spannung.

Enzensberger war ein Meister der kleinen Form. In einem seiner frühen Essays klopfte er Generalverrisse des Tourismus auf denkfaule Flecken ab – der Tourist im Modus touristischer Selbstverleugnung. Der deutsche Italienreisende in kurzen Hosen im römischen Straßencafé auf der Suche nach indigener *italianità* – den Enzensberger im aufkommenden Massentourismus der frühen Sechziger im Auge hatte – hatte aber auch ein Pendant im Inländer, der sein Deutsch-Sein vor allem dadurch zum Ausdruck brachte, dass er sich besonders *metropolitan* dünkte. Wie kein anderer bediente der intellektuelle Globetrotter in der Nachkriegszeit diese Phantasie eines *international style*. Der «Enzensberger-Deutsche» als zeitgemäß ironisch lässige Variante der Bundesrepublik zu Paul de Lagardes «Rembrandt-Deutschen» des Kaiserreichs. Was waren wir froh, dass er bei allen Reisen um die Welt auch ein Klingelschild in Schwabing hatte – und wir mit «Hans Magnus Enzensberger» nicht einem weiteren Pseudonym eines genialen Verkaufskünstlers für die geheimen Sehnsüchte eines provinziellen, verhaltensunsicheren Milieus von Bedenkenträgern aufgesessen waren. *Reeducation by doing* – minus Erziehung: So macht das Lernen doch gleich mehr Spaß.

Enzensberger konnte im Impressum des Zeitgeists lesen. Er wusste immer schneller, wann in der Republik wieder einmal umtapeziert, eine neue Farbe aufgezogen wurde – und wann es mal wieder besser war, davonzufliegen. Als die revolutionären Träume (die Enzensberger selbst kurzzeitig bis auf die Zuckerrohrplantagen Kubas geführt hatten) in den Siebzigerjahren Schiffbruch erlitten, der allgemeine Kater ausbrach und in der alten linken Gesellschaft alle so melancholisch wurden, stand er schon wieder gut gelaunt auf der Brücke eines neuen Papierschiffchens. Mit Gaston Salvatore gründete Enzensberger 1980 zur hedonistischen Daseinsvorsorge der prosperierenden Bundesrepublik die Zeitschrift *TransAtlantik*, um auch dem intellektuellen Luxus, der Verschwendung, eine Bühne zu bieten. (Mit viel Hochglanz-Werbung und einem «Veto» im Impressum. Auch im Zeitgeist um 1980 hatte HME eine *Exit-Option*.) Enzensberger war seiner Zeit stets so voraus, dass er schon vor über fünfzig Jahren im *Kursbuch* dem Süden eine Stimme gab und all die *postcolonial studies* veröffentlichte, die heute junge empörte Wölfe wieder «ins lesebuch für die oberstufe» schreiben wollen.

Enzensberger war der geborene Ideenverräter, seit er den Endkämpfen des «Führers» und der letzten Werwölfe im Frühjahr 1945 «Adieu» gesagt hatte und lieber seinen eigenen Geschäften nachgegangen war. «Fahnenflucht» war im F.A.Z.-Fragebogen «die größte militärische Leistung», die er bewunderte. Es war diese Fahnenflucht, gepaart mit *Timing*, einer untrüglichen Witterung für Themen – und unablässig sprudelnden originellen Einsichten – seinem Rohstoff –, die Enzensberger im kritisch-ökonomischen Komplex der alten Bundesrepublik ausmünzte. Fehlertoleranz, Risikofreude, *Pitching* – das kleine Einmaleins kapitalistischen *Entrepreneurships* hatte er in das eigene Unternehmen überführt. Sogar die Sachen, die schiefgingen, seine eigene *Bad Bank*, schrieb der fröhliche Revisionist später noch ab. Wo andere Großintellektuelle im Alter das Brecheisen herausholten und noch mal ihre Heldengeschichten erzählten, schrieb Enzensberger ein Buch über *Meine Lieblings-Flops*. Sollten sich junge Ideenhistoriker einmal jener heute versunkenen, ewig honigfließenden Epoche der Kritik annehmen, dürfte Enzensbergers Steuererklärung eine Schlüsselquelle sein.

lies keine oden, mein sohn, lies das kleingedruckte. Enzensberger entdeckte mit der Zeit, dass die Verwaltung der von ihm lange verschmähten – «feindland» – Bundesrepublik, die Selbstorganisation durch das Kleingedruckte, eigentlich eine ganz sinnvolle Sache war. Im *Kursbuch* schrieb er «zwei Randbemerkungen» zum aktuellen Weltuntergang, spürte unter Pseudonym dem «Wasserzeichen» der Poesie nach oder appellierte in einer «Fußnote» zum «molekularen Bürgerkrieg» auf deutschen Straßen an das «staatliche Gewaltmonopol». Dabei war er so schrecklich faul, lag den lieben langen Tag auf der Wiese und schaute dem Spiel der Wolken nach – wie der Dandy sein Selbstbild nach außen kultivierte.

Veto des Archivs, des «Komposthaufens» in Marbach! Da ist ein intellektuelles Schwergewicht zu entdecken, ein bienenfleißiger Skribent, ein unermüdlicher Briefeschreiber: Der produktivste Arbeiter des Literaturbetriebs der Nachkriegszeit. Illoyal zu Ideen, loyal zu Freunden. Auch ein Magier des Papiers, der seine intellektuelle Reputation noch ganz auf den alten Leitmedien begründete – dem Radioessay im Funk, den Zeitungen, dem neuesten Suhrkamp-Band. In der Produktionsweise, in der enzyklopädischen Entdeckerfreude, auch in der Liebe zu erlesenen Büchern verband diese *factory* aus Schwabing mehr mit Giganten des 19. Jahrhunderts, mit Max Weber (geb. 1864) oder Stefan George (geb. 1868) – die Enzensbergers Zeitgenossen der «Wolfszeit» hätten sein können, wenn ihnen das Methusalemalter des glücklichen Weltkindes inmitten der Bundesrepublik geschenkt worden wäre.

Vor ihm wollten wir bestehen, von ihm wollten wir entdeckt werden, von ihm haben wir uns alles kritisch abgeschaut. Unser Lehrer Dr. Enzensberger. call it love.

Stephan Schlak